U0935410

梦想的 10道必考题

MENGXIANG DE
10 DAO BIKAOTI

10 QUESTIONS TO HELP YOU SEE IT AND SEIZE IT

John C. Maxwell
[美] 约翰 · C. 麦克斯韦尔　著
刘欢　译

APETIME 时代出版
时代出版传媒股份有限公司
安徽文艺出版社

图书在版编目（CIP）数据

梦想的10道必考题 /（美）约翰·C.麦克斯韦尔（John C. Maxwell）著；刘欢译. -- 合肥：安徽文艺出版社, 2021.5

书名原文：PUT YOUR DREAM TO THE TEST:10 Questions That Will Help You See It and Seize It

ISBN 978-7-5396-7166-6

Ⅰ. ①梦… Ⅱ. ①约… ②刘… Ⅲ. ①成功心理—通俗读物 Ⅳ. ①B848.4-49

中国版本图书馆CIP数据核字（2021）第034840号

引进书版权登记号：12211984

出 版 人：段晓静　　策划编辑：张童瑀

责任编辑：胡　莉　卢嘉洋　　封面设计：今亮后声·小九

出版发行：时代出版传媒股份有限公司 www.press-mart.com

安徽文艺出版社　www.awpub.com

地　　址：合肥市翡翠路1118号　邮政编码：230071

营 销 部：（0551）63533889

印　　制：三河市嘉科万达彩色印刷有限公司（0316）31597777

开　　本：880×1230 1/32　印张：9.75　字数：185千字

版　　次：2021年5月第1版

印　　次：2021年5月第1次印刷

定　　价：49.80元

谨以此书献给我的梦中情人——玛格丽特·麦克斯韦尔。

1969 年 6 月 14 日，我们结婚了。

从那天起，我们一直在一起。

我无法想象没有她的生活。

玛格丽特，你就是我人生的解决方案！

致谢

谢谢你们，

查理·韦泽尔，我的撰稿人；

斯蒂芬妮·韦泽尔，校对和编辑了文稿；

苏·考德威尔，录入了初稿；

琳达·艾格斯，我的助手。

目录 contents

引言

第一章

The Ownership Question:
Is My Dream Really My Dream?

归属问题：我的梦想是否确实是我的

第二章

The Clarity Question:
Do I Clearly See My Dream?

清晰问题：我是否清楚地看到了自己的梦想

第三章

The Reality Question:
Am I Depending on Factors within My Control to Achieve My Dream?

现实问题：我的能力是否足够实现我的梦想

第四章

The Passion Question: Does My Dream Compel Me to Follow It?

激情问题：我的梦想是否在驱使我实现它

第五章

The Pathway Question: Do I Have a Strategy to Reach My Dream?

途径问题：我是否拥有实现梦想的策略

第六章

The People Question: Have I Included the People I Need to Realize My Dream?

人的问题：我是否已经招募到实现梦想所需的人

第七章

The Cost Question: Am I Willing to Pay the Price for My Dream?

代价问题：我是否愿意为梦想付出代价

第八章

The Tenacity Question: Am I Moving Closer to My Dream?

坚持问题：我是否正在向梦想迈进

第九章

The Fulfillment Question: Does Working toward My Dream Bring Satisfaction?

满足问题：我是否能在努力向梦想迈进中获得满足

第十章

The Significance Question: Does My Dream Benefit Others?

意义问题：我的梦想是否能够造福他人

结语

我的梦想地图

引言

正因梦想来得远大，我们才能逐渐实现。

——朱茜·比赛特

你的梦想是什么

你的梦想是什么？你愿意付出一生来实现它吗？我相信你愿意实现，也相信你希望自己能实现。但你真的会付诸行动吗？你会给自己多少机会？五分之一，百分之一，还是百万分之一？你怎么知道你是否把握了机遇，或者你的梦想不会永远停留在梦想？你愿意测试一下你的梦想吗？

我知道，大多数人都有梦想。事实上，关于梦想，我问过成百上千的人。有些人愿意详细而热情地描述他们的梦想，而有些人却不愿意，似乎让他们大声说出他们的梦想，会令他们倍感尴尬。这些人从未测试过自己的梦想。他们不知道别人会不会嘲笑自己，不确定是否将目标设定得过高或过低，也不确定自己是否真的可以实现梦想，是不是注定会失败。

他们不知道如何实现自己的梦想。他们所拥有的只是一个模糊的概念，那就是某天想做某件事，或者想成为某种人，却不知道如何去实现。如果这说的就是你，那么你应该感到高兴，因为实现梦想仍有希望。我相信这本书能够帮助你。

知道答案后再进行测试

你是否还记得，当你还在读书时，老师会在考试前进行复习，并会说诸如“注意这里，这是考点”之类的话，我反正记得。那些希望看到学生成功的老师们总是这样鼓舞人心。他们希望我们做好准备，这样我们才能考得更好。他们对我们进行测试，同时也帮助我们为成功做好准备。

我的愿望是像那些鼓舞人心的老师一样。我想帮助你做好准备，对梦想进行测试，这样你才能真正实现它。那么要怎么做呢？我相信，如果你能以正确的方式回答一系列的问题，你将非常有可能实现你的梦想。你能积极回答的问题越多，成功的可能性就越大！这就是我写这本书的初衷。

正确的梦想和错误的设想

我研究成功人士近四十年。我认识成百上千的知名人士，他们都实现了伟大的梦想。我也实现了自己的一些梦想，但我发现很多人对梦想有误解。让我们来看看人们在生活中追求并称之为梦想的东西：

白日梦——分散人们对当前工作的注意力。

异想天开——没有实际策略或依据的疯狂想法。

噩梦——滋生恐惧和麻痹的担忧。

理想主义的梦——世界在你的掌控之下。

间接体验的梦——通过别人来实现你的梦想。

浪漫的梦——相信有人会让你快乐。

职业梦想——相信事业成功会让你快乐。

有目的性的梦——相信一个职位、头衔或奖项会让你快乐。

物质的梦——相信财富或财产让你快乐。

如果这些都不是好的梦想，不值得一个人付出全部的人生，那么好的梦想又是什么呢？以下是我对一个可以经受考验并通过测试的梦想的定义：梦想是一幅鼓舞人心的未来图景，它激励你的思想、意志和激情，使你能够尽你所能去实现它。一个值得追求的梦想是一个人的目标和潜力的蓝图。正如我的朋友莎伦·赫尔所说："梦想是可能的种子，植根于人的灵魂中，它要求人走一条独特的道路来实现自己的目标。"

你在想什么

梦想是有价值的商品，它推动着我们前进，给予我们能量，使我们充满热情。每个人都应该有一个梦想。但你确定自己有一个要追求的梦想吗？让我们正视这个问题。许多人因为没有受到激励而没有梦想。而有些人虽然有梦想，却又失去了希望，最终将梦想搁在一旁。

我想告诉你们，你们仍有希望找到或重拾你的梦想。这些梦想可能是伟大的，但并不是所有的梦想都必须是伟大的才值得人们去追求，它们只需要比你的当下伟大就行。正如女演员朱茜·比赛特所说："正因梦想来得远大，我们才能逐渐实现。"

06

正因梦想来得远大，我们才能逐渐实现。

——朱茜·比赛特

如果你已经放弃了希望，失去了梦想，或者从未将你认为值得称之为梦想的东西和你努力的方向联系在一起，那么，来看看以下五个使人们难以辨认自己梦想的最常见的原因，或许会对你有所帮助。

有些人受外界影响而使自己的梦想受阻

许多人已经没有了梦想！世界上到处都是梦想破坏者和思想杀手。一些没有梦想的人也不喜欢看到别人追求梦想，别人的成功使他们缺乏信心和安全感。

商学院教授加里·哈默尔和C.K.普拉哈拉德写了一篇用一群猴子进行实验的文章。四只猴子被放在一个房间里，房子中间立有一根柱子，柱子的顶端悬挂着一串香蕉。一只饥饿的猴子爬上柱子想要拿香蕉吃，但就在它伸手去拿香蕉的时候，它被一股冷水浇了下去。它尖叫着从柱子上跑下来，放弃了拿香蕉的企图。之后每只猴子都做了类似的尝试，每只猴子也都被浇了冷水。几次尝试后，它们终于放弃了。

随后，研究人员从房间里取出一只猴子，并放进去一只新的猴子。当这只新来的猴子开始爬上柱子时，另外三只猴子则将它从柱子上拽了下来。在几次尝试都被同伴拽下来后，它也放弃了，再也没有试图去爬柱子了。

研究人员把原来的猴子一只接一只从房间里取出来，然后再依次放进去另外的猴子。每次新来的猴子在尝试爬柱子拿香蕉时，总会被其他猴子拽下来。最后，房间里只剩下没有被水泼过的猴子，可是没有一只会爬上柱子。它们互相阻止，但谁也不知道为什么。

生活中，或许也有一些人试图阻止你。他们劝你放弃梦想，他们可能不愿意看到你积极向上或做一些对生活有意义的事情。但他们也可能正试图保护你，让你免受痛苦或失望的伤害。不管怎样，即使别人劝你放弃梦想，你也应该听从自己的内心。拥有梦想和追求梦想永远都不会晚。

有些人被过去的失望和伤害所影响

期望与现实之间的差距往往使人们产生失望。所有人都遭遇过这种失望。我们都有过意料之外的糟糕经历，也都有过无法实现的愿望以及破灭的希望。失望会对我们造成极大的伤害。小说家马克·吐温说：“我们应该小心地从某次经历中汲取被称为智慧的东西，只需要汲取智慧，仅此而已，以免我们像一只坐在热炉盖上的猫。它再也不会坐在热炉盖上了，这很好；但同时它也再不会坐在冷炉盖上了。”

难道你不这样认为吗？当遇到问题时，我们会说：“我再也不会这样做了！”这种想法真是大错特错，尤其是在涉及我们的梦想时。失败是我们取得成功必须付出的代价。有些人

期望与现实之间的差距往往使人们产生失望。

在实现梦想前曾反复遭受失败。英国前首相玛格丽特·撒切尔说："要赢得这场战争，你可能需要不止一次的战斗。"我们需要牢记这一点，并确保自己不会过早放弃战斗。

有些人习惯平庸

专栏作家莫林·多德说："当你满足现状，没有追求时，你收获的只会比你想得更少。"要想实现梦想，就得努力提升自己，使自己超越普通人。实现梦想的人从不平庸。两者始终相悖。

当我们毫无梦想，只满足于平庸时，我们可能会试图把这归咎于别人，归咎于我们的环境、体制。但事实是，平庸总是个人的选择。PAIDEIA公司董事长兼首席执行官、前托马斯·F.史坦利基金会驻纽约斯托尼布鲁克中学学者D.布鲁斯·洛克比写道：

平庸不是一个国家问题，也不是公司、机构、部门问题；平庸是一个个人问题。美国的教育不是一个独立的组织，而是由数以百万计的学生、教师以及制造商、编辑和供应商所组成的，总计耗费数十亿美元的费用！美国教育的各个方面都是由个人完成的。因此，美国的教育并不是平庸的，但那些为教育做出决策和提供教育经费的人，可能忽视了他们的承诺。学校并不是平庸的，但可能一些管理者或教师以及学生，对他们的管理、教学和学习心不在焉。你看，平庸首先是一种个人特质，一种对无法成为最好的自己的想法的让步，一种满足于现状、不断对自己说“我认为我已经做得足够好了”的妥协。很快，平庸会转移到整个政体，使国家处于危难之中，但请记住，平庸始于“我”！

那些没有自己梦想的人正在浪费自己的生命。他们的生活会变得无趣，然后他们也会像自己的人生一样无趣。作家肯尼斯·希尔德布兰德描述了这种人生的负面影响。他解释说：

世人中最穷的不是那个身无分文的人，而是那个没有梦想的人……他就像一艘为浩瀚大海而造的航船，却试图只在一个水池中航行。他没有想到达的遥远的港口，没有想超越的地平线，没有贵重的货物可运。他的时间集中在日常事务和琐碎的必需品上。难怪他会不满、争吵和“厌烦”。人生最大的悲剧之一，就是一个拥有巨大能力的人，却只有一个渺小的灵魂。

如果你想要的生活即是如此，那么你需要一个更远大的梦想。只有拥有一个有价值的梦想，人们才能超越自我、超越他人。

有些人缺乏追求梦想所需的信心

谈论梦想需要信心，而追求梦想更是如此。有时，自信会把拥有梦想并勇于追求梦想的人与那些没有梦想、不敢追求梦想的人区分开来。在威斯康星大学的一项研究中，凯伦·格雷诺·马尔希发现自信对成功至关重要。在这项儿童研究中，她发现，较低的自我价值感会使交谈意愿降低37%，交谈策略的使用也会减少11%。她还发现，儿童的自我价值越高，他们就越乐意去冒险延长交谈时间，适应性也就越好。换句话说，你对自己的信心越大，就越不可能放弃想要的东西。

梦想是脆弱的。尤其当你的梦想与众不同时，当你所爱和尊重的人不赞同时，当你没有以往的成功经历赋予信心时，梦想使你承担着巨大的风险。但是，在为梦想而奋斗时，你必须要拥有基于现实的信心。那么，如何获得这种信心呢？通过自我认知。管理顾问朱迪恩·巴德韦克证实：“真正的自信来源于了解和接受你自己的优势和劣势，而不是依赖于外界或他人的肯定。”这就是为什么我相信进行梦想测试可以助你一臂之力的原因。积极地回答这些问题会让你更有信心地追求自己的梦想。

有些人缺乏对梦想的想象力

人们是如何发现自己的梦想的？通过想象！听起来可能过于简单，但这的确是梦想的起点。想象是使梦想成真的土壤。诺贝尔奖得主、物理学家阿尔伯特·爱因斯坦是一位梦想家和思想家，他了解想象力的价值。他说：“当我审视自己和自己的思考方式时，我得出的结论是，想象的天赋比汲取纯粹知识的天赋对我更有意义。”爱因斯坦称他的想象力为“神圣的奇物”。

想象是使梦想成真的土壤。

如果你的出身使你气馁，或者你不是一个极富想象力的人，不用绝望。你仍然可以找到和实现自己的梦想。上帝赋予了我们每个人这种能力。明白这一点，只需要看看身边的孩子，你就会知道的确如此。每个孩子都有梦想，每个孩子都有想象力。玛格丽特（我妻子）和我有五个孙子孙女，每当我们和他们在一起时，我们都能从他们身上看到生动的想象力，这种想象力将他们从这个现实的世界带到他们自己的世界中去。

你也拥有梦想的想象力。作家马克斯·陆可铎（也是我的朋友）看到了你的潜能："你不是偶然的存在。你不是被批量生产的。你不是流水线产品。你是由造物主精心设计后降生于这个世界上的。"当然，有些人甚至会说，你最初越平凡，你的梦想的潜力就越大。商人霍华德·舒尔茨出身卑微，但他想象力的沃土帮助他形成了星巴克的理念，创立了星巴克公司。舒尔茨说：

在浪漫主义者身上，我注意到一件事：他们试图在日常生活的单调中创造一个新的更好的世界。这也是星巴克的目标。我们试图在我们的咖啡店里创造一个绿洲，一个小小的极乐净土，在那里你可以休息，听一些爵士乐，或者用一杯咖啡的时间思考大众的、个人的甚至是异想天开的问题。

谁会想到有这样一个地方呢?

根据我的个人经验，我想说，你的出身越不起眼，你就越有可能运用你的想象力，创造出一切皆有可能的世界。

我就是这样的。

我相信，上帝希望我们每个人都拥有梦想，拥有一个大大的梦想。因为他是伟大的上帝，他想通过我们来做些伟大的事情。我的朋友戴尔·特纳认为："梦想是可以再生的。无论多大年龄或状况如何，我们内心仍有尚未开发的可能性，新的美好的东西正等待着诞生。"拥有梦想永远不会太晚。

你准备好进行梦想测试了吗

好吧，你可能会说，我有一个梦想。我觉得它值得追求。然后呢？我怎么能知道我是否有机会实现它呢？这将我们引入一系列问题中来，即本书的十个章节，具体如下：

1. 归属问题：我的梦想是否确实是我的?
2. 清晰问题：我是否清楚地看到了自己的梦想?
3. 现实问题：我的能力是否足够实现我的梦想?
4. 激情问题：我的梦想是否在驱使我实现它?
5. 途径问题：我是否拥有实现梦想的策略?

永远记住，世界上只有两种人——实干家和梦想家。实干家知道前进的方向，而梦想家早已在终点。

——罗伯特·奥尔本

6. 人的问题：我是否已经招募到实现梦想所需的人？
7. 代价问题：我是否愿意为梦想付出代价？
8. 坚持问题：我是否正在向梦想迈进？
9. 满足问题：我是否能在努力向梦想迈进中获得满足？
10. 意义问题：我的梦想是否能够造福他人？

我相信，如果你深入探究每个问题，诚实地审视自己，并能肯定地回答所有问题，那么你实现梦想的概率将非常大。你回答得越多，你就越能实现你的梦想。我相信每个人都有机会拥有一个有价值的梦想，而且大多数人都有能力实现它。无论你的梦想对别人来说有多大，或看起来多么离谱，都无关紧要，只要你能肯定地回答这一系列关于梦想的问题。

演讲稿作家和喜剧作家罗伯特·奥尔本认为："永远记住，世界上只有两种人——实干家和梦想家。实干家知道前进的方向，而梦想家早已在终点。"如果你是一个梦想家，那么下一步就是测试你的梦想。在接下来的几页中，你将看到一个梦想测试。它旨在帮助你衡量目前为实现梦想所做的准备。我强烈建议你在阅读本书的其余部分之前进行这个测试。因为你为验证梦想所做的工作、准备越多，就越有机会梦想成真。

梦想测试

为了帮助你，我设计了这个梦想测试。你可以就梦想测试中每个问题的每一点，做出你的回答，并将答案明确为“是”与“不是”。完成测试后，请三个了解你的人来帮你评估一下。如果你的梦想还没有告诉他们，那么现在就告诉他们吧，然后让他们就每个问题给出他们的看法。另外，让他们给你一个从1分（不可能）到10分（绝对可以）的总分，来评价你实现梦想的可能性。

1.归属问题：我的梦想是否确实是我的。

A.如果我实现了我的梦想，我将是世界上最快乐的人。

B.我已经公开地和其他人分享了我的梦想，包括那些我爱的人。

C.我的梦想受到了别人的质疑，但我仍然坚持。

2.清晰问题：我是否清楚地看到了自己的梦想。

A.我可以用一句话来概括梦想的要点。

B.对于几乎所有关于我的梦想是什么（或怎么样）的问题，我都可以做出回答。

C.我已经清楚详细地写下了我的梦想，包括主要特点或目标。

3.现实问题：我的能力是否足够实现我的梦想。

A.我了解我最大的天赋，并且我的梦想非常依赖它们。

B.我目前的习惯和日常实践对梦想的实现起到了很大的作用。

C.我的梦想是能够实现的，即使一些重要的人忽视或反对，即使我遇到了巨大的障碍。

4.激情问题：我的梦想是否在驱使我实现它。

A.我最想做的就是看到梦想成真。

B.我每天都在思考我的梦想，包括早上醒来或是晚上睡去的时候。

C.至少最近一年，这个梦想都对我至关重要。

5.途径问题：我是否拥有实现梦想的策略。

A.我有一个书面计划，关于如何实现我的梦想。

B.我已经和我所敬重的三个人分享了我的梦想和计划，并得到他们的反馈。

C.为了将计划付诸行动，我对我的工作重点和工作习惯做了很多调整。

6.人的问题：我是否已经招募到实现梦想所需的人。

A.我身边的人激励着我，他们坦诚地对待我的优点和缺点。

B.我招募了一些技能互补的人来帮助我实现我的梦想。

C.我已经把我梦想的愿景传递给了其他人，我们为之共同努力。

7.代价问题：我是否愿意为梦想付出代价。

A.我可以详细说出我为实现梦想已经付出的具体代价。

B.我已经考虑过为实现梦想我愿意付出什么代价。

C.我不会为了追求梦想而损害我的价值观、健康或家庭。

8.坚持问题：我是否正在向我的梦想迈进。

A.我能说出我在追求梦想时已经克服的障碍。

B.我每天都会做一些离梦想更进一步的小事情，即使这些很微不足道。

C.我愿意做一些非常困难的事情来成长和改变，以实现我的梦想。

9.满足问题：我是否能在努力向梦想迈进中获得满足。

A.为了梦想成真，我愿意放弃我的理想主义。

B.我愿意为实现梦想而工作多年甚至几十年，因为它对我来说至关重要。

C.我热爱追求梦想，即使我失败了，我也认为我的人生过得很有意义。

10.意义问题：我的梦想是否能够造福他人。

A. 如果我的梦想实现了，我可以说出除我以外其他从中受益的人。

B. 我正在努力建立一个志同道合的团队来实现我的梦想。

C. 我为实现梦想所做的一切在五年、二十年甚至一百年后也是有意义的。

如果针对每一条陈述，你的回答都是肯定的，那么你将有极大的机会去实现你的梦想。如果你对某个问题下的一个或多个陈述答案均为“不是”，那么你需要重新审视你是否坦诚地对待那个问题所提及的事项。花一些时间思考，并在对应章节的结尾做一些练习。

你还应该和那三位评估这些问题的人谈谈。他们的答案和你的一样吗？如果不一样，询问他们的意见。再看看他们给你的总分。如果他们给你的总分低于10分，问问他们：“我要怎样才能拿到10分？”仔细听他们的意见，做好笔记。之后提出你的疑惑，但不要急于争辩。得到他们的答案后，试着寻找解决方案，记住管理顾问杰克·罗森布鲁姆的话：“如果有一个人告诉你你是一匹马，那么他疯了。如果有三个人告诉你你是一匹马，那么一个阴谋正在酝酿中。如果有十个人告诉你你是一匹马，那你就该去买马鞍了。”

第一章

归属问题：我的梦想是否确实是我的

The Ownership Question: Is My Dream Really My Dream?

无论你想什么，要确信那真是你所想的；

无论你要什么，要确信那真是你所想要的；

无论感受如何，要确信那真是你所感受到的。

——托马斯·斯特尔那斯·艾略特

阿诺德的父亲想让他当一名警察，因为他父亲是小镇的警察局长。母亲却有其他想法，她认为他应该成为一名木匠。她看到他对学校的学术科目没有多大兴趣，学业也很平庸，所以想让他学一门实用的手艺。在母亲的要求下，阿诺德在高中时就顺从地参加了一个木工学徒计划，但他的心从未真正投入其中。

到底是谁的梦想

许多年轻人在成长过程中都曾遭遇过这种状况。他们不知道自己擅长什么，也不知道自己想做什么。因此，他们听从父母或朋友的话，开始朝着别人所期盼的方向前进，但这并不是他们内心真正想要的。

这种现象很普遍。孩子们首先从他们的父母和其他榜样的眼中看到自己。他们没有其他的参照物。咨询专家塞西尔·G.奥斯本在《了解自己的艺术》一书中写道："孩子对自己没有清晰的认识。他只从父母对自己的评价中看到自己……如果一个孩子反复被告知他是一个坏孩子，或是懒惰、不中用、愚蠢、害羞、笨手笨脚，他就会表现出父母或其他权威人士给他定义的形象。"许多年轻人失去了他们本来的样子——他们是谁，他们真正想做什么。他们接受别人心中的梦想和欲望，是因为他们希望得到别

当你看到人们在中年时期寻求职业转变时，你几乎可以肯定他们一直都在实现别人的梦想，从而自我迷失了。

人的认可，或是因为他们不知道自己该做什么。

有多少人因为父母的愿望而上了法学院？有多少人为了取悦母亲而结婚？有多少人从事了一份“现实的工作”，而放弃投身于他们所热爱的电影或戏剧？当你看到人们在中年时期寻求职业转变时，你几乎可以肯定他们一直都在实现别人的梦想，从而自我迷失了。尽管这种转变可能带来负面影响，但他们比从来没有发现和追求自己梦想的人要幸运得多。

即使是鼓励人的、积极的、善意的父母也可能引导他们的孩子走错方向。我知道，是因为我在七岁的时候，在某种程度上，有过这种经历。我父母相信我有音乐天赋。他们给我买了一架钢琴，并且给我报了一些钢琴课程。多年来，我坚持学习和练习，但其实我对钢琴并没有热情，我坚持仅仅是因为它能够给我父母带来快乐。

我五年级时，父母决定拓宽我的音乐视野，他们给我买了一支小号。但老师告诉他们我的嘴形不适合那种乐器，所以他们把小号换成了单簧管。著名的单簧管演奏家泰德·刘易斯来自我的家乡俄亥俄州的瑟克尔维尔，所以朋友们开始说：“也许你可以成为下一个泰德·刘易斯！”

但这不太可能。我甚至没有足够的天赋在小学乐队演奏时坐前面第一把椅子。我总是在最后面。

那时我整天都想打篮球。我最终向父母摊牌，告诉他们我想放弃音乐去从事体育事业，我仍然记得当时我内心的压力和沉重。我也记得当他们终于放弃让我成为一名伟大的音乐家的梦想时，我所体会到的兴奋。我高兴地把单簧管收起来，拿起了一个篮球。

阿诺德的梦想

阿诺德不确定自己想做什么，但他知道肯定不是做警员或木工。这并不是因为他没有努力找寻自己的梦想。他雄心勃勃。事实上，他知道，无论他选择什么，他都想成为世界上最优秀的人。他喜欢运动，但在他十几岁的时候，他仍然没有找到合适的运动项目。他曾尝试过许多运动项目：冰壶、拳击，以及标枪和铅球、跑步之类的田径项目。他踢了五年足球，也没有强烈的热情。后来有一天，他的足球教练要求队员们每周练习一次举重，以改善身体状况。就在那时，阿诺德的梦想开始成形。

“我仍然记得第一次去健身馆，”他回忆道，“我以前从未见过人举重。那些人真的很……神勇强大，宛如赫拉克勒斯。那一刻我知道，我一直寻找的答案就在那儿。一切豁然开朗。我一直寻觅的东西，突然就出现在了我眼前，就好像我穿过一座悬索桥，最后终于踏上了坚实的地面。”

十四岁时，阿诺德·施瓦辛格在体育馆里找到了他的热情所在。几个月后，当他在商店橱窗里看到一本杂志时，他知道自己终于找到了梦想。杂志封面上是一个在电影中扮演大力神角色的健美运动员形象。阿诺德回忆后来发生的事情：

我将我仅有的钱凑起来买了那本杂志，结果发现，赫拉克勒斯是一个英国人（名叫雷格·帕克），他在健美比赛中获得了“环球先生”的头衔，并将其改编成了电影，然后用挣的钱建立了一个健身帝国。对！他就是我的榜样！如果他能做到，我也能做到！我也会获得“环球先生”的头衔。我会成为电影明星，我会拥有财富。我内心激动得翻江倒海，我终于找到了我的激情所在，找到了我的目标。

并不是每个人都理解阿诺德的梦想，当然他的父母或和他一起长大的朋友也不理解。他父亲希望这只是他一时的想法。

“好吧，阿诺德，你想做什么？”他问。

“爸爸，我要成为一名职业健美运动员。我要把它变成我生活的目标。”阿诺德解释说。

“我看得出来你是认真的，但你打算怎么去实现它呢？”

没有人理解阿诺德的选择、他的付出和他的梦想。

“我本来可以选择一项更受欢迎的运动，”阿诺德解释说，“我学校的朋友认为我疯了。但我不在乎……我找到了我要为之全力以赴的东西，没有什么能阻止我。我有很多干劲。我想要说的与朋友们截然不同。我比我认识的任何人都更渴望成功。”这就是一个令人信服的梦想的力量。梦想是一幅鼓舞人心的未来图景，它激励着你的思想、意志和情感，使你能够尽你所能去实现它。

阿诺德一找到自己的梦想，就坚持不懈地追求着。他开始锻炼，一周六天，一次几个小时。他的梦想是成为世界上最优秀的健美运动员。十八岁时，他在奥地利军队服了一年义务兵役，并且在他参加的第一个大型比赛中，获得了欧洲青少年“健美先生”的称号。第二年他获得了欧洲“健美先生”的称号。然后他搬到慕尼黑继续工作，并且成为那里的一家健身房的合伙人。1967年，他在伦敦健美比赛中获得了业余组“环球先生”的称号。那时他才二十岁，他的成功使每个人都大吃一惊。然而，当他打电话告诉父母他的成功时，他们并没有那么激动。

阿诺德说：“如果是格拉茨当地的报纸报道我刚刚完成了大学学业，对他们来说反而更重要。在某种程度上，对于他们不理解这件事，我是很在意的。我觉得他们至少应该明白这对我来说意味着什么。他们知道我为此付出了巨大的努力……我想你也希望自己所做的事获得父母的认可。”

尽管没有人支持他对事业的选择，但阿诺德还是接连在世界上所有大型健美比赛中胜出，包括七次赢得享有盛誉的“奥林匹亚先生”大赛，最后一次是在1980年。成为世界上最伟大的健美运动员这本身就是一项惊人的成就，但这并不是阿诺德唯一的梦想。当他将他擅长的健美事业成功地转向电影事业时，许多人都感到震惊。几年后，当他竞选加州州长并获胜时，他们更是目瞪口呆。大多数人不知道的是，阿诺德早在奥地利时就梦想过这样的事情。在他二十岁时，他告诉一个朋友："我想像我的偶像雷格·帕克一样多次获得'环球先生'的头衔。我想像雷格一样出演电影。我想成为亿万富翁。我还想进入政界。"

阿诺德实现了他的梦想。他多次成为"环球先生"和"奥林匹亚先生"。他拍了很多电影，电影收入超过十六亿美元！他是一个非常成功的商人。早期在美国的时候，他就是一个严格的储蓄者，一个在房地产、股票和商业领域的明智的投资者。（但他还不算真正的亿万富翁，据估计他的净资产只有八亿美元。）他是一位政治领袖。阿诺德·施瓦辛格拥有并实现了自己的梦想，因此，他非常成功。

阿诺德说："从一开始，我就知道健身是我职业生涯的最佳选择，但其他人似乎都不同意，至少我的家人和老师都不同意。对他们来说，唯一可以接受的生活方式是选择人们期盼的、正当合理发展的职业，如成为一个银行家、秘书、医生或推销员，接受合法职业介绍机构提供的正规工作。我想要塑造自己的身体，成为'环球先生'，这完全超出了他们的理解。"但这完全在阿诺德的理解和能力范围内，因为他能够肯定地回答梦想的归属问题。

你无法实现一个属于别人的梦想。

只有拥有自己的梦想，才有可能实现梦想

你如何回答梦想的归属问题？你的梦想确实是你的梦想吗？你愿意接受梦想测试吗？打着“一切从实际出发”的口号，许多人其实忽略了他们自己的梦想。他们从事职业是为了取悦父母、配偶或其他人。这可能会使他们尽职尽责，但不会使他们成功。你无法实现一个属于别人的梦想。

想想你的个人经历。你的计划、目标和愿景是如何受到他人影响的？你知道自己的愿景受到了怎样的影响吗？你的梦想有可能是因为以下因素吗？

你父母认为你是谁？

别人以为你是谁？

你希望你是谁？

或者因为什么其他因素？

你本来是谁？打算成为谁？

每个人都有责任为自己解决这个问题。事实上，只有在你弄清楚之后，你才会实现你的梦想，过上你想要的生活。正如诺贝尔文学奖获得者约瑟夫·布罗茨基所说：“一个人的任务首先在

当合适的人遇到合适的梦想，或合适的梦想遇到合适的人时，彼此会难舍难分。

于掌握自己的生活，而不是过外界强加或规定的生活，无论这种生活听起来多么高贵。”每个人的生命只有一次，我们也很清楚它将如何结束。如果把这唯一的机会浪费在属于别人的生活方式和经历上，你将悔恨万分。

怎样才知道你是否在追求一个不属于你的梦想？下面这些提示，能帮助你弄清楚这个问题：

当你拥有别人的梦想时：	**当你拥有自己真正的梦想时：**
它不适合你。	它适合你。
它将是你肩上的重担。	它将为你的灵魂提供翅膀。
它会消耗你的能量。	它会让你兴奋。
它会让你昏昏欲睡。	它会让你时刻保持清醒。
它会把你带出你的动力区。	它会把你带出你的舒适区。
它将使别人感到满足。	它将使你感到满足。
别人让你这样做。	自己必须这样做。

当合适的人遇到合适的梦想，或合适的梦想遇到合适的人时，彼此会难舍难分。

为了让某件事真正成为你的梦想，你需要看到它的可能性，并且跟随这种可能性！哲学家索伦・克尔凯郭尔说："可能性是上帝的指示。你必须跟着它走。"

拥有是实现梦想的第一步。它就像一把开启梦想之门的钥匙。当你拥有自己的梦想时，你难道不会将你的梦想看得更清楚一些吗？你难道不会靠自己的能力去实现梦想？你的热情难道不会持续增加？你难道不会更有可能制订一个策略来实现它？你难道不会想方设法招募其他人，与你一起实现梦想？你难道不会在追求梦想的途中变得更加坚定和满足？梦想的意义难道不会与日俱增？一旦你拥有了自己的梦想，你就更能肯定地回答关于梦想的其他问题。

我有一个梦想，但是……

大多数人没有实现他们的梦想。他们总是在希望和等待。他们善于找借口。他们期待着最好的时机。随着时间的推移，他们最终没能实现梦想，因此一些人变得沮丧和痛苦，还有一些人选择了放弃。作家兼思想家亨利・戴维・梭罗说："人们过着平静的绝望的生活。"我相信那些不能实现自己梦想的人，原因之一是他们不对自己负责。

我的兄弟拉里经常提醒我，为了获得成功，对你所努力奋斗的事业进行投资的重要性。这里是指投资一些有价值的东西。一旦投资进去，一个人的参与性就会大大提高。为什么？因为如果你拥有某样东西，你就必须给予它能量、金钱、时间和责任。当你在其中有利害关系的时候，你就不会再抱着一种随遇而安的态度。你在对它进行投资。每当拉里与别人做生意时，他都会确保双方在其中都有投资，否则他不会进行下一步工作。

对于梦想，你需要有一个类似的态度。为了拥有梦想，首先你得就梦想投资一个最基本的东西。当你这样做的时候，你就有能力克服人们不追求梦想的那些借口，比如我经常听到的以下三个借口：

借口1：普通人不能实现梦想

许多人相信梦想只属于特殊的人，而其他人则不得不降低要求，满足于现状。我不同意这种想法。的确，有些有梦想的人创造了历史。莱特兄弟想在天空飞翔。温斯顿·丘吉尔梦想建立一个自由的欧洲。马丁·路德·金梦想着种族平等。然而，你不必成为一个有梦想的世界级风云人物。每个人都可以有一个梦想并追求它。事实上，追求梦想往往会使普通人变得与众不同，你可以通过追寻梦想过上非凡的生活。为什么这么说？因为梦想会成为帮助人们改变生活的催化剂。你不只是为了实现你的梦想而改变自己，追求梦想的这个过程会帮你逐渐明确你是谁，你能获得哪些成就。

借口2：不够远大的梦想不值得追求

梦想不应该根据它的远大程度来评价。这不是决定它的价值的因素。梦想不一定非得很远大。它只需要高于你的现状即可。

年轻人少不更事，不知天高地厚，因此勇赴不可能之事，竟有所成，代代如此。

——珀尔 · 布克

我的朋友丹 · 雷兰德告诉我，他的一位员工告诉同事："我只想成为一个伟大的父亲。"同事并没有因为他这个小小的梦想而嘲笑他。当他和同事谈论他内心的渴望时，所有人都哭了。这不是一个远大的梦想，却是一个伟大的梦想。梦想并不是越远大越好，因为大小无法决定梦想的意义。

借口3：现在不是追求梦想的好时机

没有梦想和不追求梦想最常见的借口是时机。有人说为时过早。他们等待别人许可，才会去追求他们的梦想，然而其实这取决于他们自己。与此同时，少数人，像阿诺德 · 施瓦辛格一样，看到自己的梦想并追求它，正如作家珀尔 · 布克所说："年轻人少不更事，不知天高地厚，因此勇赴不可能之事，竟有所成，代代如此。"

还有些人担心现在追寻梦想为时已晚。结果，他们放弃了梦想。但我相信小说家乔治 · 艾略特所说："努力成为你本该成为的人永远不会太晚。"

电影明星金 · 凯瑞在作为一名喜剧演员的职业生涯早期就遇到了挑战和挫折。他说，每当他想放弃在娱乐界的梦想时，他会想到罗德尼·丹泽菲尔德，他在职业生涯达到顶峰前奋斗了几十年。“我在俱乐部里演了十五年的喜剧，”凯瑞回忆说，“有时候唯一让我坚持下去的动力是想到罗德尼在三十岁时商场失意，但后来他东山再起，终于在他四十岁时将生意做大做强，大获成功。在一个几乎总是重视年轻人而非人才的企业里，他做到了……这充分证明了想要去做一些事情永远不会太晚。当然你可能需要暂时停止你的脚步，甚至付出一些代价，但不要放弃你的梦想。”永远不会有追求梦想的完美时机，所以最好现在就开始行动。如果你不这样做，那么明年你又老了一岁，而不是离梦想更近一步。

如何拥有你的梦想

如果你愿意迈出这一步，开始拥有你的梦想，那就按照以下操作开始吧！

愿意拿自己当赌注

如果没人相信你，你可能会成功，但如果你不相信自己，那你永远不会成功。事实上，如果你不相信自己，你也很难相信其他的事情，那么你将在这个世界上漂泊，没有任何东西能驱使你前进。然而，拥有梦想的人相信自己，当他们相信自己的时候，他们愿意拿自己当赌注。

如果没人相信你，你可能会成功，但如果你不相信自己，那你永远不会成功。

拥有梦想意味着相对恐惧来说，自信更占上风。电影《阿基拉和拼字比赛》中的一个场景证实了自信所能产生的作用。故事的主角是一个来自洛杉矶南部的女孩阿基拉，她克服了许多障碍，最终参加了全国拼字比赛。她的拼写教练拉勒比博士问她："你有什么目标吗？你长大后想做什么？一个医生？一个律师？一个独角喜剧演员？"她回答说："我不知道。我唯一擅长的就是拼写。"

"到那边去，"他指着一块牌匾说，"读墙上的引文。请大声朗读。"

她朗读道："我们最担心的不是我们能力不足。我们最担心的是我们的力量无法估量。我们自问：'我会成为一个聪慧的、迷人的、天赋异禀的、光彩照人的人吗？'实际上，我为什么不能成为这样一个人呢？人生在世的目的就是发挥上帝赐给我们的天赋。当我们光芒四射时，我们身边的人自然而然也会效仿。"

"这对你有什么意义吗？"拉勒比问，"这是什么意思？"

"我不应该害怕。"她回答。

"害怕什么？"

"害怕……我自己？"

首先要相信自己，否则你永远不会相信你的梦想。我记得杰克·坎菲尔德对这个想法发表评论说：

我有一些大胆的想法是因为我相信我能，而不是因为我有创造力。在金字塔的顶端，你有能力创造任何东西，并为创造的一切创造价值。我从小就在父母和老师的帮助下开始攀爬，并在导师、妻子和孩子们的帮助下不断前进。所有这些人都增加了我的心理资本。这里面的基本论点是：一个健康的自我价值观能够创造足够的资产。

如果你想成功，你必须相信你能成功。如果你想梦想成真，你必须拿自己当赌注。

主导你的生活而不是被动接受

选择权是一个人所拥有的最大权利。不幸的是，许多人只是被动接受自己的生活，并没有成为生活的主导者。结果是，他们无法改变生活带来的一切。

选择主导你的生活，而不仅仅是被动接受生活，对于拥有梦想至关重要。大屠杀幸存者埃利·威塞尔在《燃烧的灵魂》一书中写道，当你死后去见你的造物主时，你不会被问到为什么你没有成为弥赛亚或者没有找到治疗癌症的方法，你只会被问：“为什么不做你自己？为什么你没有成为你本该成为的样子？”要想发挥天赋潜能，首先你得对自己和生活负责。这意味着你要自己发挥积极的主导作用。

怎么做到这一点呢？那就是对自己、对希望、对梦想说“是”。每当你说“是”的时候，你都将更敞开心扉，接受潜力和更大的可能性。如果你习惯说“不”，你可能会发现这件事做起来很难。如果你的情况的确如此，那么希望你至少愿意对自己说“也许”。永远不要忘记你是一个奇迹，你是独一无二的，拥有别人从未拥有或将要拥有的天赋、经验和机会。为了你和别人的利益，你有责任成为你本该成为的样子。

热爱你所做的，做你所热爱的

欧文·柏林是美国历史上最多产、最成功的作曲家之一。他写了诸如《天佑美国》《复活节游行》和《我梦见一个白色圣诞》（至今仍然是最畅销的乐谱）。在圣地亚哥工会的一次采访中，唐·弗里曼问柏林：“有没有什么问题是你从未被问过却希望有人问你的？”

“是的，有一个，”柏林回答，“那就是‘你觉得你写的那些没有成为热门的歌曲怎么样？’我会回答，我认为它们也很棒。”

那些找到并掌控梦想的成功者热爱他们所做的，做他们所热爱的。他们靠热情和天赋引导自己。为什么？因为天赋、目标和潜力总是并存。我相信上帝不会犯错。他不会创造出一个在某个领域有天赋，却对另一个不相关领域感兴趣的天才。如果我们有勇气去追求我们的目标并勇于冒险，那么天赋和热情之间总是有潜在的联系。

《该如何改变我的生活》一书的作者波·布朗森写道：

> 我深信，未来的商业成功始于这样一个问题：我该如何改变我的生活？是的，没错……人们不能通过“热门”行业（比如互联网）或采用某种职业指导准则（记得“横向职业”吗？）来获得成功。他们一直关注自身的定位，即“我是谁”，并将其与他们真正热爱的工作联系起来（这样做可以释放出他们从未想象过的生产力和创造力）。

许多成功人士都赞同布朗森的主张。前惠普主席兼首席执行官卡莉·菲奥莉娜建议：“要么热爱你所做的，要么不做。无论是在事业上还是在生活中，不要仅仅因为它取悦别人或者因为它更容易给人带来成就而做出任何选择……选择去做一件可以让你全身心投入的事情。”不要成为别人梦想的奴隶。为什么？因为一旦你拥有了梦想，它也会拥有你。成为别人梦想的奴隶将成为你的一场噩梦。

不要拿你自己（或你的梦想）去和别人做比较

我认识的每个人都想成功，但几乎每个人对成功的定义都不

成功就是从生活的某个方面开始，
用你所拥有的去做力所能及的事。

同。你如何定义它？你同意《韦氏词典》的定义吗，即“成功就是财富、名望、地位等的获得”？如果你也这样认为，那么有多少财富才能称之为成功？要获得多大名气？你该随便选择一个目标吗？你应该拿自己和别人做比较吗？如果你已经决定致力于培养有品格的孩子或为你的社区服务，这是否意味着你没有那些获得更高地位或更有钱的人成功？我认为并非如此。

成功就是从生活的某个方面开始，用你所拥有的去做力所能及的事。你不应该让别人为你设定标准，就像你不应该试图去实现别人的梦想一样。拿自己和别人做比较，对我们没有任何好处，也不能让我们更接近自己的梦想。当我们玩比较的游戏时，我们就像牧场上的奶牛，看到一辆牛奶车经过，上面写着：“巴氏杀菌，均质处理，符合标准，添加维生素A。”一头牛对另一头牛说：“看起来你有点不合格，不是吗？”

我的作家朋友乔依丝·迈尔说：“上帝会尽他所能帮助你，但他永远不会帮助你成为别人。”我认为这是一种很明智的说法。如果你把太多的注意力集中在比较上，你就会忽略你应该成为什么样的人。现在，我已经六十多岁了，我可以肯定地告诉你，18/40/60法则中蕴藏着伟大的智慧：当你十八岁时，你会在意每个人对你的看法；当你四十岁时，你不会在乎别人对你的看

如果成功是以别人而不是你自己的看法为衡量标准，那么即使在外界看来多么不错，只要不是你内心深处渴望的，就根本不能称之为成功。

——安娜·昆德伦

法；当你六十岁时，你会意识到没有人会一直在意你！

即使别人不理解你，你也要相信对未来的愿景

你的存在不是一个意外，是有原因的。拉尔夫·沃尔多·爱默生断言："自信是成功的首要秘诀，相信你的存在是造物主的安排。你所面临的一切有挑战的事情、任务都是注定的，因此只要你尽可能努力，你就能取得成功。"

即使你有巨大的潜力和目标，其他人也不一定了解你。像阿诺德·施瓦辛格一样，你可以看到你未来的形象，而其他人可能看到的是一个傲慢或自以为是的人。不要让这阻碍着你拥有自己的梦想以及向前迈进的步伐。

1992年获得普利策奖的记者安娜·昆德伦，她心中有一个梦想和对未来的憧憬，这让她走上了别人无法理解的道路。2002年，昆德伦在莎拉劳伦斯学院的一次课堂演讲中解释道："当我离开《纽约时报》成为全职妈妈时，大家都说我疯了。当我离开新闻界成为小说家时，他们也说我疯了。但是，如果成功是以别人而不是你自己的看法为衡量标准，那么即使在外界看来多么不错，只要不是你内心深处渴望的，就根本不能称之为成功。"

如果你的梦想确实是你的梦想，那么它肯定会让一些人大吃一惊。当然，我并不是说你的梦想可以忽略现实，具体的我将在现实问题（第三章）中提到。我要说的是，毫无疑问，你必须克服一些反对声才能实现你的梦想。如果有人试图让你的希望落空，或者否定你对梦想的追求，那个人也许不是你的朋友。

每个人都有超越平凡的潜力。正如罗伯特·克里格尔和路易斯·派特勒在《如果它不破……打破它！》一书中所写的："我们不知道人们的极限是什么。世界上所有的测试、秒表和终点线都无法测出人类的潜能。当人在追寻梦想时，他们将远远超越他们的极限。存在于我们内部的潜力是无限的，并且很大程度上是未开发的……当你想到极限时，你就自动创造了极限。"

抓住你的梦想

梦想拥有巨大的力量。《科学怪人》的作者玛丽·雪莱说："我的梦想只是我自己的梦想。我没有向任何人解释过。它们是我烦恼时的避难所，是我空闲时最由衷的快乐。"如果你有一个梦想，却不想去实现它，那么首先，你需要找出内心深处的原因。否则你要么在培育一个属于别人的梦想，要么你并没有找到自己的梦想。

上帝将一个梦想植入你的内心，那是属于你的梦想，而不是别人的。它表明了你的独特性，它激发了你的潜力。只有你才能使其产生并得以发展。不去发现梦想，不去对它负责，不去实现它，这将对你自己以及所有从你的梦想中受益的人产生消极的影响。

诗人约翰·格林里夫·惠蒂埃写道:“不管口是心非还是笔是心非，最可悲的是‘可能是这样的说法’。”当你暮年回首时，你是否会觉得你的生活过得分外充实，并一直在努力实现你的目标，实现你的梦想？或者你是否会觉得你的人生仅仅是为了完成父母、配偶或朋友的期望？你是怎么对待生命给你的馈赠的？如果到时你认为这些问题对于你很重要，那么现在它们对于你也很重要。回答好这些问题的第一步就是拥有你的梦想并准备前进。

对于归属问题：我的梦想是否确实是我的

你的答案是肯定的吗？

如果你对归属问题的回答不是肯定的，那么你需要做两件事：

第一，更好地将自己和自己的梦想联系起来；

第二，培养足够的信心去拥有梦想。

为了更好地了解自己，请回答以下问题：

如果没有任何限制，我会怎么做？

如果我的生命只剩下五年，我会怎么做？

如果我有无限的资源，我会怎么做？

如果我知道自己不会失败，我会怎么做？

在你经过深思熟虑，诚实地回答了这些问题后，花些时间静静地思考一下，以便更好地了解你的梦想。当你相信自己已经找到了梦想后，与你信任的人确认它是否匹配你实际的天赋、技能和经历。但要小心！如果你周围的人很消极，他们看不到你的潜力，那么他们可能不足以判断出你的能力。

如果你的问题在于自信不足，那就想想演说家、前俄亥俄州议员莱斯·布朗在他的《实现你的梦想》一书中建议你自查的问题：

我有什么天赋？

我喜欢自己的五个方面是什么？

什么人让我觉得特别？

我能记得的个人成功的时刻是哪些？

布朗相信这些问题会增加一个人的自我认同感。他说："找出你想要的是什么，然后去追求它，就好像你的生活依赖于它一样。……为什么？因为的确如此！"

第二章

清晰问题：我是否清楚地看到了自己的梦想

The Clarity Question Do I Clearly See My Dream?

给我们一个清晰的愿景，让我们知道我们的位置在哪里，以及有何意义。

——彼得·马歇尔

2007年夏天，我和迈克·海特还有其他几个朋友在爱尔兰打了几天高尔夫球。迈克从上大学起就从事出版工作，他在这个行业内做过几乎所有的工作。他曾当过作家、经纪人、出版商，甚至是一家出版社的创始人。迈克是一位杰出的领导者。今天，他是托马斯·尼尔森公司的总裁兼首席执行官。

我喜欢打高尔夫球。虽然我打得很一般，但我喜欢漂亮的球场，我也喜欢这项运动。我相信高尔夫活动是建立人脉关系和做生意的好时机。一天清晨，我和迈克进行了交谈，我给他看了一份关于“梦想测试”的全文大纲。读完后，他立刻说：“约翰，你必须补充一章来阐述清晰愿景的重要性。如果你看不清楚自己的梦想，那么你什么都没有。”然后他就开始给我讲起他的一些经历。

千载难逢的机遇

2000年7月，迈克在托马斯·尼尔森公司的上司突然辞职。当时，迈克是托马斯·尼尔森公司贸易图书部的副发行人，他被邀请接任上司的职务，担任发行人。

“我一直知道我们部门的状况不佳，”迈克解释说，“但直到我成为发行人，我才知道事情到底有多糟。我深吸了一口气，开始评估现实。”

迈克发现了：

他的部门创造的利润在公司14个部门中最低。

事实上，他的部门在前一年已经处于亏损状态。其他部门的人私下总在嘀咕迈克的部门是如何对整个公司产生负面影响的。

三年来，部门收入增长一直平平。

此外，部门内一位得力的作者刚被一家竞争出版公司挖走，这使得未来收入增长的可能性变得更小。

该部门是托马斯·尼尔森公司营运资金使用效率最低的部门。

收入比例中，他的部门存货和版税预付款是全公司最高的，但这样，也几乎没有给股东带来回报。

该部门的每个人都感到筋疲力尽。

该部门只有十名员工，但每年要出版一百二十五部新书。每个人都工作过度，工作质量也证明了这一点。

迈克说："情况简直糟糕到了极点。然而，作为新的部门主管，我意识到，这种状况对我来说再好不过了。这是一个很好的职业机会。如果能够改变部门状况，我会成为英雄。如果我没有成功，那也没关系，毕竟，当我上任时，这个部门已经是一团糟。但我对自己说，我不会输。"

面对这种状况，大多数管理者都会召开一次重大战略会议，把公司从原来的困境中解救出来。但迈克并没有这样做。这些年

如果你有一个清晰的愿景，你最终也会有一个正确的策略。如果你没有一个清晰的愿景，那没有策略可以去拯救你。

——迈克·海特

来，他了解到，当人们过早地直奔“如何做”时，只会抑制自己的潜能。它实际上抑制了人们的梦想，并阻止他们尽可能地思考。他知道梦想的实现取决于愿景的清晰程度。

迈克解释说：“你需要的是一个远大但令人信服的愿景，不仅对别人，对你自己也是如此。如果梦想没有说服力，那你就没有继续坚持下去的动力，也就无法招募其他人来帮助你。愿景和策略都很重要，但总有一个优先。愿景总是第一位的，总是这样。如果你有一个清晰的愿景，你最终也会有一个正确的策略。如果你没有一个清晰的愿景，那没有策略可以去拯救你。在我的职业生涯和个人生活中，我一次又一次地看到了这一点。”

那么迈克做什么才能清楚地了解到他想要完成的事情呢？

迈克说：“我做的第一件事就是按兵不动。我有一个目标。我想把我的愿景弄清楚。我想看到什么？三年后这个部门会是什么样子？我不在乎策略，只关心愿景。如果我在弄清愿景之前就极具战略性的话，我可能会说：‘好吧，我想不出我们怎么才能取得很大的成就。形势如此严峻。我们没有太多的资源可供使用。那让我们来年努力做到收支平衡吧。也许我们可以通过出售一些过时的存货来减少我们的营运资本，或者我们可以签几个新的作者，来增加一些收入’。

“你认为会有人对此感到兴奋吗？这一愿景会吸引来合适的作者吗？它会让合适的员工留下吗？它会获得额外的公司资源吗？我认为答案是不能。问题就是人们会被困在‘怎样做’上。他们不知道如何才能取得更大的成就，所以他们抑制了自己的愿景，坚信自己必须实际些。他们所期望的最终变成了他们的现实。”

迈克很聪明。在你试图击中目标之前，你必须先确认目标。你必须先知道风景如何，然后才能给别人画一幅风景画。在你努力实现梦想之前，你必须清楚地看到它。如果你看不清楚你的梦想，或者你陷入了真实或想象的约束中，你就会限制自己。如果你想要有一个梦想，不妨有一个远大的梦想。迈克就是这样做的。在按兵不动时，他做了一个极富说服力的愿景陈述。毕竟，如果他不能对此感到兴奋，那么部门里的其他人也不会。首先，他设想了一个完美的未来，然后他写下了一些关于梦想的清晰的描述。

梦想宣言

托马斯·尼尔森公司是世界上最大、最受尊敬的励志书籍供应商。

1.我们有十位特许作家，他们的新书在前十二个月至少售出十万册。

2.我们有十位新兴作家，他们的新书在前十二个月至少售出五万册。

3.每年出版六十本新书。

4.作家们会为我们征求其他作家的意见，因为他们乐于和我们一起工作。

5.由于我们成功的名声，所以顶级代理会持续给我们推荐最好的作家和最好的方案。

6.我们每年至少有四本书能登上《纽约时报》畅销书榜单。

7.相较于竞争对手，我们一直有更多的书登上宗教畅销书排行榜。

8.我们在收入和利润贡献方面一直超出预算。

9.我们的员工总是最大限度地利用他们的奖金计划。

10.我们是公司发展最快、利润最高的部门。

迈克对未来的描述非常具体。这就是让梦想变得清晰的方法！

当迈克回到办公室时，他召集部门内所有成员开会。他所做的第一件事就是描述目前的情况，他非常诚实，毫无隐瞒。然后他分享了他的梦想并尽可能详细地进行了描述。

他的愿景很清晰，所有人都可以看到一个清晰的未来。而且由于愿景本身极具说服力，所以大多数员工立马就认同了。他能感觉到他们的兴奋，很多人很快就加入他的阵营了。

但仅仅为其他人树立一个愿景是不够的。迈克知道他需要一直将清晰的愿景印在脑海中，所以他每天都要阅读他的愿景宣言。他一直在想这件事。他为此祈祷。这就是他的梦想。

最开始时，人们会问他："你到底要怎样才能做到这一点？"起初，他的回答是："我不确定，但我相信这会实现。你看着吧！"当他继续专注于愿景时，一个策略开始出现了，但他的主要精力还是放在梦想上，而不是策略上。迈克说："我花了更多的时间，大概十倍的时间在'是什么'，而不是'如何做'上。"

迈克预计本部门的转型至少需要三年时间。令人惊讶的是，他和他的团队在短短十八个月内实现了几乎完全的转变。那时，他们几乎在每个方面都已经超越了愿景。

"这并不是因为我们有一个伟大的商业战略，"迈克说，"这是因为我们对自己想要实现的目标有一个清晰的愿景。这就是梦想开始的地方，如果你想改变现状，你就必须先从拥有一个愿景开始。你必须弄清楚你想要什么。"

自2002年以来，图书出版一直是托马斯·尼尔森公司增长最快、利润最高的部门。它培养了公司大多数最成功的作家，也出版了一本又一本畅销书。那不是意外。迈克从一个部门的负责人晋升为整个公司的总裁和后来的首席执行官，这并非幸运。如今，托马斯·尼尔森公司是世界上最大的励志书籍出版商，也是美国第六大出版商。即使在同行都面临困难的时期，它仍然非常成功。为什么？因为迈克和托马斯·尼尔森公司的员工都非常清楚公司的梦想！

你的梦想清晰了吗

你能清晰地看到你的梦想吗？一个清晰而令人信服的梦想拯救了许多陷入困境的公司。梦想给许多人的生活赋予了意义。迈克所说的关于清晰梦想的每一句话都强烈地引起了我的共鸣。的确，我每一次取得成就，都是因为梦想非常明确。我知道我努力的目标。

只有目标明确，你才能实现梦想。你必须先确立梦想的含义，才能去追求它。可惜大多数人都少了这一步。于是梦想仍然只是一个梦想——迷迷糊糊、模棱两可，因此，也永远无法实现。

追求一个不清晰的梦想就像一个热爱西部电影的人去美国西部旅行，仅仅是希望通过朝着这个方向开车就能遇到有趣的事情。其实，这个人需要把模糊的概念具体化，比如说，我想参观俄克拉荷马州的国家牛仔和西部遗产博物馆，然后去亚利桑那州墓碑镇的老金德斯利马厩看看，参观古老的图森市，那里是我最喜欢的西部影片《赤胆屠龙》的拍摄地，再去看看美丽的纪念碑谷公园，《关山飞渡》和《西部往事》都是在那里拍摄的。或许只有这样才能实现你想要的。

如果你想实现你的梦想，你需要将它清晰化。在理清梦想的过程中，请牢记以下几点：

想要人生有所收获，不可或缺的第一步就是：确定你想要什么。

——本·斯坦

清晰的梦想使一个模糊的概念变得具体

当我要求人们描述他们的梦想时，许多人结结巴巴，感到词穷，他们试图用语言表达一个虽然有过但从未被定义的模糊概念。一个模糊的梦想不会给你带来任何帮助。

你想实现什么？你想体验什么？你想贡献什么？你想成为谁？换句话说，成功对你来说是什么样子的？如果不定义它，你就无法实现它。

这听起来似乎过于简单了，但大多数人无法实现梦想的主要原因就是不知道自己想要什么。他们不曾把梦想的细节以清晰、有说服力的方式表达出来。正如演员兼作家本·斯坦所言："想要人生有所收获，不可或缺的第一步就是：确定你想要什么。"

为了明确你想要的，首先你得使梦想具体化，使目标可衡量。例如，看看下面这些模糊的概念以及对应的具体化的表现形式：

笼统的想法：	具体的目标：
我想减肥。	我要在6月1日前将体重减到84公斤。
我要善待员工。	我将在每周一的员工会议上表扬表现出众的同仁。

我要还清债务。	我将在12月31日前还清所有信用卡欠款。
我想学一门语言。	今年，我将每天学习一小时汉语。
我要锻炼身体。	我每天游泳一小时。
我想提高我的领导力。	我每个月读一本有关领导力的书。

梦想不一定是短暂的。一个大胆的梦想也可以是具体的。20世纪60年代初，约翰·肯尼迪总统在描述一个伟大的梦想时说："十年内，我们国家应该致力于实现人类登月的目标。"肯尼迪航天中心负责发射事务的前副主任阿尔伯特·西派特表示："美国国家航空航天局之所以能够完成这个任务，是因为它有一个明确的目标，并且为众人所知。"当你探讨自身潜能及动脑规划未来时，不妨天马行空往大处想。但是，当你开始落实梦想时，一切就必须非常具体。

具体并不表示在起步前就把所有细节设想好。那是错误的。总体想法需要明确，其余细节会随着你的前进慢慢展现，你也可以在此过程中机动调整，但你要尽可能地细化这个大梦想。

多年来，我一直鼓励领导者帮助员工提升个人价值，培养他们，激励他们，帮助他们成功。增加个人的价值是我的一种天赋，但对很多人来说是件难事，他们看上去很吃力。我渴望在这个领域帮助人们，我意识到我需要把这些细化一下，并将其写下来。所以，我和雷·帕罗特写了一本书，书名为《与人共赢的二十五个关键：如何让别人觉得自己棒极了》，列举了一些帮助人们提升个人价值的实战案例。现在我不仅鼓励人们提升个人价值，而且进一步帮助他们真正做到这一点。

付诸努力，梦想才会变得清晰

随心所欲地做梦不费吹灰之力。然而，要定下心来，描绘一个清晰而令人信服的梦想需要费很大心力。

迈克·海特说，当他决定在有所行动前描述一个清晰的愿景时，他带着一支笔和一个日记本去了一个僻静的地方。首先，他用文字描述了他所面对的现实。他非常诚实，把一切让他感到不适的东西都写了下来。就在那时，他详细地写下他希望看到未来发生的事情，而不仅仅是一个关于成功或进步的模糊梦想。他甚至用现在时来写，以使这个梦想更加具体和可信。

运用你自己的工具和方法，使梦想变得具体、清晰。如果你想像迈克那样，你可以带着纸和笔去小屋。至于我，我需要有些东西来帮助我拥有正确的思考方向。也许这些东西也能对你有所帮助。以下是我为弄清我的梦想而关注的要点：

问题：对我来说，我必须从问自己开始。梦想总是源于梦想者的经验、环境、才能和机会，所以我会问自己：

我的感觉如何？情感告诉我什么？

我意识到了什么？直觉告诉我什么？

我看到了什么？周围有什么状况？

我听到了什么？别人在说什么？

我心里怎么想？我的理智和常识怎么说？

一旦对自己现在的状况、所知及所求相当了解，就可以开始理清梦想了。

资源：我很少尝试凭空思考、创造或梦想，我坚信那些可以帮助我的工具。有时是读一本书、听CD、看电影或者阅读引文，有时是放一张照片或一个物体在面前。为了帮助自己更清楚地看到梦想，在一年多的时间里，我曾多次将同一张照片放在我办公桌上。

经历：几年前，当我的梦想是在美国建立一个有影响力的教会时，我通过访问全国各地著名的教堂来强化和明确这一愿景。我还去过一些历史名胜，参观了我崇拜的一位英雄的家乡，以激励自己。这样的经历使我的梦想更远大、更清晰。

榜样：当我思考梦想时，我会想到那些已经实现我想追求的目标的人。三年来，我一直与领导者们会面，以从他们那里获得洞察力。这些交流给了我信心，激励我有更大的梦想，并使我的梦想更加清晰。倾听别人描述他们逐梦旅程的细节，有时可以帮助你发现自己梦想的细节。

如果你已经找到了一个使你的梦想变得清晰的方法，那么就去使用它。如果你没有，试试我的方法，或者试试迈克·海特的做法。但不管如何做，请记住：这通常需要一个过程。梦想的清晰画面可能会以闪电般的速度突然出现在你的脑海中，但对大多数人来说，不会如此。大多数人需要持续不断地努力以看清梦想，甚至重新绘制梦想。即使这个过程很困难，也不应该成为你放弃的理由。

在努力看清梦想时，我发现我越清楚地看到我的梦想，就越清楚地看到我的目标。

事实上，如果这个过程太简单，也许证明你的梦想还不够远大。请继续努力，一个清晰的梦想值得我们为之奋斗。

清晰的梦想能够助你确认目标

如果你已经回答过归属问题，并确认这个梦想确实是你自己的梦想，那么，使梦想变得清晰会使你此前所做的努力更有用，也可以确认你正朝着正确的方向前进，并强化你的目标。

这一点对我也适用。在努力看清梦想时，我发现我越清楚地看到我的梦想，就越清楚地看到我的目标。我确信如此，因为一个人的梦想和目标总是交织在一起的。上帝赋予我们能力，让我们去做最擅长的事。正因为如此，当我参观那些影响深远的教堂时，我内心产生了共鸣。我意识到我属于这样的地方。当我与这些教堂的领袖交流时，我觉得我也可以成为他们中的一员。在某种程度上，这是一种奇怪的现象。我的想象力被激发，这使我的梦想更远大，同时也证实我走上了一条正确的道路。我可以看到梦想的画面，我甚至可以看到梦想中的自己。

当你的梦想和目标一致时，你就知道了。电影制片人史蒂文·斯皮尔伯格也是如此。他上高中的时候，就梦想着拍电影。“我想成为一名导演。”他对父亲阿诺德说。

“好啊，”他父亲告诉他，“如果你想成为一名导演，你必须从最底层做起。先从跑腿的做起，然后不断努力向上。”

“不，爸爸，”年轻的斯皮尔伯格回答，“我要做的第一件事就是当导演。”最终他也的确这样做了。

“这让我很意外。”他父亲说，“这需要勇气。”阿诺德·斯皮尔伯格对儿子的雄心壮志和自信印象深刻，后来他资助了史蒂文的第一部故事片《心火》，这部科幻惊悚片在亚利桑那州凤凰城的一家小电影公司首映。在制作这部电影时，年轻的斯皮尔伯格告诉他的合伙人：“我想成为科幻电影界的塞西尔·戴米尔。”这个描述恰好证明了他已然成为一个什么样的人，他已经制作或导演了《侏罗纪公园》《黑衣人》《变形金刚》《外星人》《少数派报告》《回到未来》《小魔怪》《第三类接触》等科幻电影。斯皮尔伯格的梦想是明确的，而这种明确的力量帮助他实现了梦想。

在进行梦想测试，并试图让它变得清晰时，如果你使梦想和目标保持一致，那么这将改变你的生活。为什么？因为它会让你明白你存在的缘由。如果你觉得目标和梦想可能不一致或目标没有得到强化，那么你可能需要回到归属问题，以确保你的梦想确实是你的梦想。

明确的梦想可以让你分清事情的轻重缓急

赢得1958年奥斯卡最佳影片奖的《桂河大桥》是电影史上公认的经典之作。由亚利克·基尼斯（当年获得奥斯卡最佳男主角奖）饰演的主人公尼克尔森上校是个典型的英国绅士，又是一位优秀又强硬的人。二战期间，他被日军俘虏，成为缅甸战俘营中军衔最高的战俘。战俘营中的日本军官企图逼迫他带领其他战俘修建一座铁路桥梁，起初他英勇反抗，但后来态度逐渐软化，开始投入造桥工程中。结果，他对自己所进行的造桥工程过于得意，以致忘了他真正的目标：打败日军，赢得战争的胜利。

影片的结尾，尼克尔森上校居然亲自对这座桥进行了防卫，以阻止一位盟军军官将桥炸毁。但就在尼克尔森将死之时，他醒悟了，说："我到底干了些什么啊！"于是，他引爆了炸药，炸毁了桥梁。日常生活中，那些琐碎的日常事务很容易让我们忽视大局，可是当梦想清晰地摆在眼前时，我们就不难判断事情的轻重缓急了。

尽管多年前我已知晓这个道理，但有时我仍需要别人提醒，才能真正意识到它。2007年12月，我因为头晕住进医院，做了两天的检查，最后检查报告显示，我有些心律不齐的问题。我的心脏科医生克兰德尔到病房里探望我，并和我谈了谈我的健康问题。我知道他要说什么。我已经很久没控制饮食了。为了向他证明我心里有数，我说："克兰德尔医生，我知道我需要控制自己的体重。"

出乎意料的是，他回答说："不，你不需要控制体重。"在那一瞬间，我满怀希望。"你需要减肥。约翰，你太胖了！只有先减掉一些体重之后，你才可以说控制体重。"在十五分钟的谈

清晰的愿景创造了清晰的优先事项。

话中，他多次说我很胖，并且把这种状况描述得非常清楚。

知道了自身的问题，加上我的梦想是希望保持健康，以便与家人共享天伦，所以我的优先要务就变得异常清晰：我要尽一切努力使体重达到健康的标准。这意味着我得改变生活重心，建立新的生活方式，而这将改变我的未来。至少从目前来说，我每天摄入的热量不应该超过一千六百卡路里，并且我每天至少要锻炼一小时。如果我想实现健康、长寿的梦想，我必须根据这些方式来调整我的生活。

没有人可以面面俱到。我们认为我们可以，但其实我们不能。如果你清楚地看到你的梦想，并时刻不忘，它将帮助你明白你必须牺牲什么，奉献什么，才能继续前进。

只有认清你是怎样的人，想要往哪里去，你才能考虑清楚你需要优先做的事情。我们都得做出选择，问题是，你做出的选择是让你离梦想更近还是更远。如果你不清楚你的梦想，那么你就没有能力做出正确的选择。清晰的愿景指明了清晰的优先事项。

清晰的梦想给予团队方向和动力

一个远大的梦想无疑需要其他人的参与。如果你所在的组织有清晰的目标或愿景，那么你必须与其他人通力合作才能实现这一梦想。不管怎样，你必须有团队协作的能力。只有当你对想要达到的目标有一个清晰的认识时，你才能有效地做到这一点。

作家、国家橄榄球赛前裁判员吉姆·坦尼说，许多商业组织没有实现他们的目标，是因为他们没有明确定义这个目标。他指出："如果员工不了解公司的目标及其行动计划，那这些目标就无法实现。"他接着指出，橄榄球比赛的目标不可能是模糊不清的，"它的目标总是明确的，赛场的边界是一条球门线。为什么我们称之为球门线？因为对方球队11个人都为了把球传过去这个共同的目标而冲锋陷阵。每个人都有特定的任务，每个四分卫、接球手、前锋以及其他球员都清楚地知道他们的任务。即使是防守组也有他们的目标，那就是阻止进攻方进球。"

牧师、作家、编辑艾德·罗威尔说："梦想是一个更美好的未来，它需要有一位能向别人展示如何使之成为现实的规划师。"如果你是一位领导者，你一定是那个规划师。你必须看清这个梦想，并且能够描绘出来，这不仅是为了你自己，也是为了别人。

一天晚上，我在达拉斯和一位名叫约翰·弗莱明的建筑师共进晚餐。他告诉我："如果你是一个建筑师，只有在某个建筑清晰地出现在你脑海中时，你才能开始建造。"他指的是，如果你是一个有远见的领导者，在你开始领导一个团队之前，你就需要知道你最终的目标是什么。你必须清晰地看到你的目标，否则，你的团队将永远无法实现你的愿景。

追随者不会尽力去做他们不理解的事情。人们不会追求一个看不见的目标。没有人会被“我有点相信”的想法或者说法所激励。

作为一名领导者和顾问，我一直在思考如何将愿景传达给他人。如果领导者创造了一个模糊的画面，那么人们也会以同样模糊的方式跟随。一个不明确的愿景只会抑制人们的主动性，以及阻碍后续的一系列工作。追随者不会尽力去做他们不理解的事情。人们不会追求一个看不见的目标。没有人会被“我有点相信”的想法或者说法所激励。

我喜欢这样一个故事，讲的是一个田径教练在赛前与他的队员交流比赛目标。就在枪声响起之前，他常说：“靠左跑，以你自己最快的速度回到这儿。”这句话再清楚不过了！

任何时候，一个团队、部门或组织如果看不到它试图实现的目标，那么它注定会偏离轨道。1981年，当我成为圣地亚哥地平线卫理教会的高级牧师时，我就碰到了这个问题。尽管教会在过去几年有了一些发展，但总体来说是停滞不前的。我很快意识到可能是领导层迷失了方向。为了验证我的直觉，我请委员会的每一位成员在一张小卡片上写下教会的宗旨。当我读卡片，发现十七位成员写了十五个不同的答案时，我的怀疑得到了证实。

教会的力量很分散，目标也很模糊。为什么？因为组织的领导人没有一个共同的梦想，难怪他们不能前进。于是在接下来的六个月里，我们一起敲定了我们的核心价值观和共同愿景。随着教会的梦想越来越清晰，领导层的能量也越来越大。而这些充满能量和活力的领袖又把这些品质传递给了其他会众。最后，我们的会众规模在接下来的十年里增加了三倍，对社区产生了积极的影响，而这正是我们的梦想。

只有看得清楚，才能牢牢掌控

大多数人浑浑噩噩地过了一辈子。他们没有清晰的梦想，也没有清晰的目标。即使一个天赐良机出现在他们面前，他们也没有能力看到它并通过它得偿所愿。

1866年，一位业余地质学家注意到一个南非小孩在玩一块闪闪发光的石头。出于好奇，他问孩子的母亲他是否可以购买这块石头。她说这石头一点都不值钱，于是就把它给了他。后来，当他更仔细地检查时，他的预感得到了证实：那是一颗钻石，重量足足有21克拉。

随着这件事以及之后一些其他的发现被越来越多人知晓，一位名叫詹姆斯·格雷戈里的苏格兰矿物学家被派去调查。他的报告指出南非不可能出现钻石。他推测，先前的发现是由鸵鸟引起的，它们在遥远的土地上把铅石吃了下去，并最终通过粪便把铅石遗留在了南非。

就在格雷戈里的报告公布几天后，在他访问过的地区发现了一颗83克拉的钻石。现在这颗钻石被称为“南非之星”。正是如

只有清楚看到梦想的人才能掌控梦想。

此，才开启了该地区的第一次采矿业务，成就了世界上最大的钻石产地。格雷戈里怎么样了呢？他的名字还被人们记着，但并不像他所希望的那样。在钻石行业中，当有人做出错误的判断时，我们就会说“又是一个格雷戈里”。

在开采南非钻石热潮期间，人们蜂拥而至，其中有个叫塞西尔·罗德斯的英国年轻人，他也梦想着成功。他和他的兄弟看到了该地区钻石开采的潜力，并尽可能多地购买了钻石开采权。他们还在英国买了一台制冰机，把它带到非洲，这样他们就可以把冰卖给饱受酷热折磨的矿工，然后用挣来的钱购买更多的采矿权。19世纪80年代，罗德斯成立了世界上最大的钻石开采公司戴比尔斯。

你会如何描述你的愿景？你是盲目地接受现状？还是用更宽广的视角来看事情，寻求更大的可能性？当你看到愿景后，你是否会清晰地定义梦想，进行梦想测试，并逐步真正实现你的梦想？你愿意详细描述它，把它写在纸上，然后告诉其他人吗？

如果你不是这样做的，那你就会让自己处于劣势。只有清楚看到梦想的人才能掌控梦想。如果你清楚地看到了自己的梦想，能肯定地回答关于梦想的清晰问题，那么你就很有可能实现梦想。

对于清晰问题：我是否清楚地看到了自己的梦想

你的答案是肯定的吗？

是时候让你的梦想变得清晰，赋予它更多的细节了。如果你对梦想有一个大致的概念，你可能会首先开始制订你的策略。不要这样做。正如迈克·海特所言，愿景必须居于首位。首先写下你关于梦想的详细描述，让你的想象力自由驰骋。尽可能将更多的细节写出来，直到你所拥有的远超所想要的。量化你能量化的任何东西。别担心你不知道如何实现目标，大胆、自信一点，勇敢做梦！

下一步，用文字简洁地陈述你的梦想。迈克把他的梦想分解成十个清晰的、可衡量的要素。你可以用相似的方法来陈述。数量多少并不重要，重要的是与你的梦想一致，尽量简短。

你不要指望一次就能完成整个过程。对于大多数人来说这是不可能的，需要一些时间。你可能想在行动之前认真思考一下如何开始。如果你能在几天内让自己从日常生活中抽身出来，你就可以完成大部分的工作。如果无法做到，你就需要花一天的时间认真思考你的梦想，然后在接下来的几周里，坚持每次用几个小时回顾一下梦想。不要忘记你的目标：让你的梦想尽可能清晰、具体。然后将这些目标摆在你面前，这样你每天都能看到。

第三章

现实问题：我的能力是否足够实现我的梦想

The Reality Question Am I Depending on Factors within My Control to Achieve My Dream?

现实……是幻想的敌人，但不是梦想的敌人。

——鲁迪·鲁蒂格尔

根据定义，梦想不应该从现实开始。梦想应该是神奇的、不可思议的、难以预测的。毕竟，梦想诞生于希望、欲望和可能中。梦想是想象力和创造力的产物。但这也产生了一个问题：如果没有实现梦想的机会，它值得追求吗？我认为不值得。

说到梦想，很多人其实已经被外界众多的声音误导了。他们听过父母、教育者和慷慨激昂的演说家说："你可以走到梦想的尽头。""如果你能相信它，你就能实现它。"他们读过埃德蒙·奥尼尔对于梦想家的看法："你有能力实现你所寻求的一切，你内在的潜力无穷无尽。树立你能力之上的目标，你往往会发现你可以实现这些目标。"

这简直是一派胡言。我认为这不现实，我也做不到。是的，我们确实需要给自己设定一个高的目标。然而，我们没有能力实现我们想追求的一切，我们没有能力发挥我们所有可能的潜力。我不相信我能达到任何目标。这一点也不现实。

作家理查德·巴赫同样断言："如果你没有实现愿望的能力，你就永远不会有愿望。"如果你稍微理性地思考一下，你就会知道那不可能。在某个时刻，几乎每个孩子都梦想像鸟儿一样飞翔。这很神奇，对吗？不管我们想象得多么真实，这都不会发生。

错误的成功观

如果你不相信人们总是怀有虚假希望这件事，那你就去看看真人秀节目《美国偶像》。如果你看过这节目，你就会明白我所说的，数万人报名参加《美国偶像》的选拔，但只有最优秀和最糟糕的人才有机会在评委们面前试唱，以此来为唱片合约选拔有竞争力的人。

有些选手对自己及自身的能力一无所知。他们唱歌跑调，他们尖叫，他们咆哮，他们号叫。然后，他们告诉每个人，他们对自己的才能是多么骄傲和自信，即使是那些从未在公共场合唱歌的人也是如此。当听到评委们（一个是专业的唱片制作人，一个是有着六首榜单排行第一的歌曲的唱片艺术家，还有一个是有六十多年经验的唱片公司高管）说他们不够好的时候，这些想成为明星的人会发脾气，辱骂评委们，然后说："那只是你们的意见！我知道自己很棒。"

我不得不承认，有些参赛者很有趣，让我禁不住想知道他们的朋友和家人在哪里。没有人告诉过他们关于自身的真相吗？没有人给他们敲响现实的警钟吗？除了参赛者本人，其他人都知道他们完全没有能力实现自己的明星梦想！

相信梦想或者极度渴望梦想都是远远不够的。这些选手对自己的梦想充满热情吗？是的。他们是否致力于实现自己的梦想？至少在那一刻是的。他们会实现成为"美国偶像"的梦想吗？不可能！为什么？因为他们的梦想脱离了他们的实际。

天赋、勤奋和梦想

约翰·赫尔是美国EQUIP基金会和音久管理顾问公司的总裁兼首席执行官。他的儿子安迪·赫尔与他的发展轨迹截然不同。安迪一直喜欢音乐，他的母亲莎伦说安迪拥有与生俱来的音乐天赋。家长们通常会让孩子学习音乐，莎伦却劝他少练一会儿。

安迪八岁时得到了他的第一把吉他，并且不久就学会了和弦。他还学会了演奏其他乐器，如小号和钢琴，但莎伦说，他似乎对弦乐器有特殊的天分。当他在六年级组建第一支乐队时，大家对此一点也不觉得诧异。在多伦多时，他和朋友常常在他家附近一间寒冷的混凝土墙的房间里练习音乐。十三岁时，他时常和朋友在电话里一起写歌，并用录音机记录他们的创作。

安迪读到高中三年级时，对学校突然倍感厌倦。他准备辍学，去从事音乐事业。他父亲问他："你的计划是什么？"安迪考虑了一下，然后向父母说出了他的看法：他会离开学校，然后在家里自学，并在这段时间里录制一张唱片。安迪认为他每天只需要两个小时就能完成学习任务，这样他就有时间写歌，组建乐队，筹集去录音室录歌所需的资金，然后录制专辑。他的父母同意了，然后安迪便开始了他的计划。同时他高效高质地完成了学业。并且，他在一家音乐杂志的资金支持下，完成了歌曲的录制，那一年他最终完成了录制专辑的目标。

虽然最终那张专辑没有被发行，但这个过程教会了安迪很多东西。他强化了他命名为Manchester Orchestra的乐队，了解了音乐行业的运作，并想出了下一步的计划。多数年轻的音乐家很乐意与唱片公司签约，这样他们就可以预先获得很多收入。但正因为如此，他们放弃了自己的权利，从而失去了对自己音乐的控制。唱片公司会给他们很大一笔预付款，于是乐队要努力工作为公司赚回这笔钱。如果乐队没有实现唱片公司想要的回报，那么乐队就会被解雇，通常你就再也听不到这个乐队的声音了。

安迪有其他想法。他不想签一笔大买卖，而掉进那个陷阱。相反，他想在网上发布他的音乐，并通过巡演为他的乐队赢得一些粉丝。他还想建立和推广自己的唱片品牌，他称之为“最爱的绅士们”，这个名字的灵感来自于他最喜欢的亚特兰大勇士棒球队队员。

安迪拒绝了几家唱片公司的邀请，直到他认为他找到了最佳的合作搭档——同某个不仅要与他们乐队而且还要与他们“最爱的绅士们”这个品牌签约的人合作。安迪是在索尼公司找到了他的合作搭档。合作协议约定，他得到的预付款较少，但他可以对自己的音乐拥有更多的控制权。他从索尼那里得到了一笔钱，这样他能以自己的品牌与一些其他乐队签约。安迪的愿景是建立一个艺术家社区。一位唱片公司的高管告诉安迪，在他见过的所有十九岁年轻人中，安迪的商业计划是最棒的。

当我写这本书的时候，安迪二十一岁，已经是一家唱片公司的总裁，签了十个乐队，到目前为止发行了十五张唱片。Manchester Orchestra乐队制作并发行了第一张专辑《我就像一个失去孩子的少女》。这支乐队先后上了《大卫深夜脱口秀》《柯南·奥布莱恩深夜脱口秀》。2007年，Manchester Orchestra乐队实现了全年进行250次演出的目标，2008年初，该乐队准备在英国进行第四次巡回演出。同时，他们还在制作第二张专辑。

安迪的母亲莎伦说，安迪实现了他想要的一切，他现在准备开始考虑下一个梦想了。我相信他也能做到。

如果你全凭运气，那我只能说“祝你好运”

据我所知，诺贝尔物理学奖获得者尼尔斯·玻尔在办公室的墙上钉了一个马蹄铁。当一位来访者说：“像你这样的科学家肯定不相信这种迷信。”玻尔回答：“当然不相信。但我听说不管你信不信，它都能给你带来好运。”

如果你的梦想很大程度上取决于运气，那么你就有麻烦了。如果梦想完全取决于运气，那你就是生活在幻想中。

拉丁语作家普布利乌斯·赛勒斯说：“依赖好运是一件非常糟糕的事情。”最糟糕的幻想家，就像最糟糕的《美国偶像》参赛者，几乎完全靠运气来实现他们的梦想。他们有一套类似赌博的想法。他们相信，如果他们在正确的时间、正确的地点，购买

如果你的梦想很大程度上取决于运气，那么你就有麻烦了。如果梦想完全取决于运气，那你就是生活在幻想中。

了正确的数字，那么他们的幻想就会成真。

如果真这么容易不是很好吗？当然不是。哲学家、诗人拉尔夫·沃尔多·爱默生说：“浅薄的人相信运气……坚强的人相信因果关系。”在追求梦想的过程中，你需要问自己一个现实问题：我的能力是否足够实现我的梦想？把梦想建立在现实之上的人和生活在幻想世界的人对梦想的态度截然不同。具体表现为：

幻想家：	**造梦者：**
依靠运气。	依靠纪律。
专注于目的。	专注于过程。
培养不现实的期望。	培养不满足的状态。
最小化努力的价值。	最大化努力的价值。
寻找借口。	采取行动。
滋生惰性。	产生动力。
孤立封闭。	团队合作。
等待。	行动。
避免个人冒险。	接受必要的风险。
将责任推给其他人。	自己承担责任。

浅薄的人相信运气……坚强的人相信因果关系。

——拉尔夫·沃尔多·爱默生

长远来看，成功的人不会一切全依靠运气、机会。他们专注于他们能做的，然后付诸行动。我的偶像约翰·伍登是一名从加州大学洛杉矶分校退休的非常成功的篮球教练。他是这种生活方式的完美典范。伍登教练从不靠运气。在他开始训练之前，他把队员们要做的每一件事都详细地写在一张小卡片上。最开始他在南本德中央学院当教练，后来去了印第安纳州立大学和加州大学洛杉矶分校当教练。为什么他要那么费神呢？因为他不想浪费时间，也不想把球队的成功留给运气。他想通过准备来实现他的目标。

伍登曾说过：“我和任何人一样欢迎好运，但我非常努力地避免陷入这样的境地：运气是产生有利结果的必要条件，但敌人的运气可以击败我们。对我来说，运气带来的机会可能很重要。但，更重要的是努力。”最近在我们共进午餐时，他对我说：“约翰，我从没有把目光从篮球上移开，去转而期盼着魔法机遇从天而降。”如果你想实现你的梦想，你需要有一个类似的态度，专注于你能做什么，而不是期待别人、命运或运气来助你成功。

立足实际

专栏作家安·兰德斯写道：“从来就没有玫瑰色的双光眼

镜。没有人愿意看梦想中的那些容易被忽略但很重要的附加条款。” 你的梦想附加条款是什么？其实它就是现实。如果你想实现你的梦想，你需要先看看一些众所周知的事实。当你这样做时，你会发现以下几点：

旅途将比你希望的要长。

障碍比你想象的要多。

失望会比你预期的更严重。

低谷期会比你想象的要糟糕。

代价比你预期的要高。

所有这些都对你不利，所以你必须靠自己能力所及去实现梦想！

正如任何签署法律合同的人都不能忽视其中的细则一样，作为一个有梦想的人，你也不能忽视现实。如果你忽视了现实，那么在追求梦想的某个时刻，现实会无情地拦住你的去路，让你再也无法前进。

如何应对现实

人生最大的讽刺之一，就是你必须立足现实，但又不能让梦

从来就没有玫瑰色的双光眼镜。没有人愿意看梦想中的那些容易被忽略但很重要的附加条款。

——安·兰德斯

想破灭。这取决于你是谁，你的梦想是什么，这可能是困难的，也可能是容易的，因为每个人的实际情况都不同。

作家、喜剧演员山姆·利文森回顾了他父母梦想来美国的经历。他说："我的家人是移民，他们是被美国'街道是用黄金铺成的传说'吸引来的。当父亲到了这里，却发现了三件事：第一，街道上没有铺黄金。第二，街道根本没有铺好。第三，他得去铺路。"

对于利文森的父母来说，当他们来到美国时，现实很残酷。好消息是，当他们面对现实的时候，他们并没有打退堂鼓。他们开始努力工作，为自己创造了新的生活。我希望你也能这么做。

不是每个人都能做到这样。作家、智者马克·吐温认为："要改变现状，你首先弄清现状。"不幸的是，梦想常常使我们背道而驰。我们的欲望如此强烈，以至于扭曲了我们对现实的正确认识。许多参加《美国偶像》试镜的人即是如此。他们不希望改变自己或梦想，而是希望现实会改变以适应他们。

你的梦想越不现实，你就越容易依赖那些你无法控制的东西来使梦想成为现实。成功的诀窍是平衡你大胆的梦想与你的现实情况。你需要借助你的能力、你的优势以及你控制范围内的其他因素走得更远。你越担心那些你无法控制的事情，你就越不能改

你的梦想越不现实，你就越容易依赖那些你无法控制的东西来使梦想成为现实。

善你控制范围内的事情。当你这样做的时候，你就会生活在一个幻想的世界里。

审视自身

为了实现梦想，你不仅需要为之努力，还必须确保它发挥出你的能力。这意味着你要知道自己的优势和劣势。

当广告和公共关系学教授凯瑟琳·B.艾尔斯在马科姆社区学院担任副校长时，她观察到："二十多岁时，我们大部分时间都在探索自己能做的数百件事。但当我们逐渐成熟，步入三十多岁的时候，我们开始发现所有我们实现不了的东西。当我们四十多岁时，我们面临的挑战是将所有这些因素结合起来，了解我们的能力，认识我们的局限性，并成为我们能做到的最好的自己。"我希望本章能帮助你直面自己的能力和局限性，并在你确定梦想、进行梦想测试时，指导你付诸实践。

你的梦想建立在你真正的优势之上吗

面对现实的第一步，就是如实地审视自己。精神病学家、自

你越担心你无法控制的事情，你就越不能去改善你控制范围内的事情。

尊问题专家纳撒尼尔·布兰登表示，没有任何因素比对自己的价值判断更能决定人们的心理发展和动机。他认为，自我评价可以从本质上对每个人的价值观、信仰、思维过程、情感、需求和目标有深远的影响。

如果有人告诉你，你有能力做任何你想做的事，并且你相信这一点，那么你就是不切实际的。反之，如果有人告诉你，你将永远不会有任何成就，并且你相信这种说法，那么这也是不符合实际的。你需要认识到你的短板以及你真正的潜力和优势。你必须拥有全面的眼光，而且通过建立你的优势主动追求你的梦想。你知道自己的优势吗？你能利用这些优势实现你的梦想吗？

波兰钢琴家伊格纳西·帕德雷夫斯基曾在一次美国巡回演唱会上接受一位雄心勃勃的年轻女子的来访，年轻女子告诉这位著名的音乐家，她也有巨大的音乐天赋。经过多次劝说，她得以成功说服帕德雷夫斯基观看她的表演。在帕德雷夫斯基看来，她的表演无疑是笨拙、平庸的，但他一直尽量掩饰自己的厌烦。

当这个年轻的女人表演完之后，她问：“我怎么样？”

帕德雷夫斯基叹了口气说：“结婚去吧！”

他的评论在当今时代听起来像是性别歧视，但他的观点是明确的。这个人练习了多久并不重要。她永远不会达到开音乐会的钢琴家的水平，技艺熟练的帕德雷夫斯基当即就知道这一点。当人们的才能与他们的梦想不符，而他们却没有意识到这一点时，他们将永远为之奔波，但永远不会胜利。

使你的梦想和天赋一致的第一步，就是建立你的优势。这个过程需要时间。我不得不承认，在我职业生涯的早期，我花了大约六年时间来调整我的注意力，建立起我的优势。通过尝试和摸索，加上智者的建议，我最终把注意力转向了正确的方向，得以追求我的梦想。我未来生活中的成功也与这种调整直接相关。我并不认为人们在专注于做他们讨厌或不擅长的事情时会成功。成功的人热爱他们所做的，并且做得很好。

你专注于做你喜欢做的事情吗？你发挥了自己的优势吗？利用你的优势实现梦想是非常重要的。原因如下：

发挥你的优势，利用最小努力法则

任何依据优势而采取的行动都会更加容易。最近，我读了《你必须读这本书！》，里面有一章讲到年轻企业家、作家法拉·格雷。他说，他在迪帕克·乔普拉的《成功的七大精神法则》一书中读到过“最小努力法则”，这对他产生了不可思议的影响。格雷写道：

最小努力法则就是找到你真正的目标和擅长的领域。当我第一次读到这条法则的时候，我很反感。我说：“他就是个傻瓜！

当人们的才能与他们的梦想不符，而他们却没有意识到这一点时，他们将永远为之奔波，但永远不会胜利。

我看见我妈妈工作那么努力，他怎么敢说这不是辛勤的劳动！”但是在我遵循了最小努力法则之后，我才开始获得真正的成功。

这本书说，当你遵循你自己的本愿时，最小努力法则才是有效的。如果你知道并遵循你的心之所向，你就很容易实现人生目标。经过思考后，我提出了几个能帮助我弄明白这个原则的问题：“哪些东西对我来说很容易，但对别人来说很难？有什么是我没有收获回报，但我仍然想继续做的？基于这些答案，我能做些什么来帮助周围的人？”

发挥优势显然对格雷很有效。作为一名年轻的企业家，他成了百万富翁。二十二岁时，他成立了Reality Pros（一家专业的房地产销售机构），管理着超过三千万美元的资产。学员珀尔·贝利说：“人们拥有两种天赋，一种是后天培养的，另一种是上帝赐予的。要想获得后天的能力，你必须努力，而如果有上帝赐予的天赋，你只需充分利用它即可。”你更愿意做哪个？是拼命学习获得你几乎没有天赋的才能，还是与上帝赐予你的天赋一起前行，看看它会带你去向何方？

这就是我一辈子都在做的事。我最为人所知的才能就是公开演讲。大概因为公开演讲是大多数人最担心的事情，所以人们经常问我，进行公开演讲时是否会感到紧张。当我回答“不紧张”时，人们都很惊讶。实际上，当我演讲时很放松，这是最令我愉快的事情之一。我喜欢与人交往，在演讲台上，我经常受到新思想的启发。我喜欢教育，也喜欢给别人增加价值。沟通是我与生俱来的能力之一。相信我，当我必须做一些我不擅长的事情时，我会紧张得大汗淋漓。如果你让我把DVD播放机连接到电视机上，或者给复印机更换碳粉，那还是算了。这些方面我一文不值！

当人们发挥自己的优势并在他们最擅长的领域努力时，一切将会变得简单得多。然而，当他们把精力集中在自己的弱项上时，他们所做的事情就是复杂和困难的。要实现你的梦想，你必须依靠优势。

发挥你的优势，将使你持续收获成果

梦想不会因为一个人偶尔做好某件事而成真。成功不是一件事情，而是一种生活方式。当一个人日复一日表现出色时，梦想就会实现。只有当你在优势领域付出努力时，这才会发生。

例如，我喜欢高尔夫，但它不是我的强项。虽然我有时能打出一个漂亮的球，比如1987年的那次。如果我想以打高尔夫球谋生，那我就是个傻瓜。就像某个收到了一支大联盟球队春季训练邀请并参加训练的高中生本垒手，一周后，他给家里发电子邮件说：“亲爱的妈妈，我想当所有击球手的领队。这些人并没有看着那么强。”下周他继续吹嘘道：“我现在能击中500次，看来我要进内场了。”然而，第三周，他写道：“他们今天开始投曲线球了。我准备明天回家。”

没有持续的毅力就不能成功。如果你的工作超出了你的能力范围，你也无法做到坚持不懈。实现一个伟大的梦想需要你所有的才能。利用你的天赋将使你获得最大的机会，让你始终如一地做你擅长的工作。

发挥你的优势，将带给你最高的回报

1943年奥斯卡最佳女主角奖得主葛丽亚·嘉逊说：“专注于赚钱是人生最大的错误。做你认为自己有能力做的事，如果你有足够的能力，金钱自然会滚滚而来。”

成功的人总是把时间、精力和资源放在自己的优势上，因为他们能从中得到最高的回报。当他们偶尔偏离这个轨道时，就如迈克尔·乔丹退出篮球队转去打棒球一样，结果都是不如人意的。篮球是乔丹的最佳选择，他总能从中得到最高的回报，大多数人都认为他是有史以来最好的球员之一。然而，作为一名棒球运动员的一年时间里，他从来没有超过二垒安打，击球202次，反而出现了11个防守失误，这肯定不是他想要的。

人们只能在一定限度里提高自己的才能。据我观察，以10分制计算，我们才能的发展潜力约为2分。换言之，如果我在某个领域位于平均水平——比如说5分，那我可以通过努力，在该领域达到6分或7分。偶尔，一个特殊的人可以提高3分，达到8分。

专注于赚钱是人生最大的错误。做你认为自己有能力做的事，如果你有足够的能力，金钱自然会滚滚而来。

——葛丽亚 · 嘉逊

然而，如果人们天生只有4分或5分，他们是没办法实现梦想的。如果你想实现梦想，你需要从事某个你至少拥有7分或8分才能的工作。如果你继续努力，那么你就能够真正出类拔萃！

你肯定有一些特别的优势，使你与众不同，并能够为你的未来创造巨大的可能性。你只需要找到这些优势。我曾在一家五金店看到一个牌子，上面写着："找到即得到。"这句话可以应用到你的生活中。为了拥有它，你必须找到它。

你的梦想基于你自身的习惯吗

在回答现实问题时，你需要从建立自己的优势开始。然而，这仅仅是开始。美国盖蒂石油公司创始人、慈善家保罗 · 盖蒂说："想要达到事业顶峰的人必须重视习惯的力量。必须迅速摒弃那些可能阻碍他的习惯，并积极培养那些有助于他的良好习惯。"这种看法不仅适用于事业中，也适用于其他所有事情。梦想因你的行动而成为现实，你的行动在很大程度上受习惯控制。

有心理学家推测，多达90%的人的行为是习惯性的——90%！你所做的大多数事情都受日常生活习惯控制。想想你这周是怎么开始的，你可能每天都用同样的方式洗澡、穿衣服、吃饭、开车上班。如果你和大多数人一样，你不会花任何精力去思考如何做这些事情，你只是习惯性地做了！你以同样的方式开始工作、打扫屋子、购买食品、杂货以及读报纸。你有一套日常习惯。你的习惯影响着你生活的方方面面，从健康到财富，再到人际关系。

好消息是，习惯可以帮助我们提高效率，帮我们把脑袋清空，这样我们就可以考虑更重要的事情。坏消息是，它们也可能对我们的健康有害，或者引导我们朝着与梦想相反的方向前进。想想那些梦想赢得马拉松比赛却每天抽两包烟的人；或者那些梦想成为时尚模特但从不锻炼并每天摄入六千卡路里热量的人；或者一个梦想领导一个成功的团队，但每天侮辱和贬低员工的商人。

古希腊哲学家亚里士多德说："我们习惯是什么样的人，我们就是什么样的人。因此，优秀不是一种行为，而是一种习惯。"你的日常习惯将决定你生活的状态。成功的秘诀可以在你的日常习惯中找到。仅仅顺其自然的人不会迎来胜利。一个远大的梦想永远不是偶然实现的。你以积极、自律和专注的方式练习好习惯的时间越长，你未来生活变得更好的机会就越大。你养成坏习惯的时间越长，你未来生活变得消极的可能性就越大。

年纪越大，我越来越意识到习惯在生活中的作用。习惯的影响是日积月累的，其结果通常要到晚年才显现出来。如果等到坏习惯的影响变得显而易见，那么补救往往已经太晚。这就是为什么你需要尽早控制自己的习惯！

我们习惯是什么样的人，我们就是什么样的人。

——亚里士多德

演讲家、作家罗伯·林格在《富翁的乌龟哲学》一书中阐述了积极习惯的力量：“世界上到处都是聪明的、受过高等教育的、技术高超的人，他们却总是遭受失败的挫折。数百万的人一生都在努力工作，但也只是碌碌无为终其一生。”怎么办呢？培养正确的习惯并经常练习。林格说：

记住，人生不过是许多成功岁月的累积，成功的一年只不过是许多成功月份的累积，成功的一个月只不过是许多成功一周的累积，成功的一周只不过是许多成功一日的累积。这就是为什么日复一日地练习成功习惯是赢得长期胜利的最可靠的方法。

习惯对实现梦想很重要，它将为你指引方向。你必须诚实地看待自己，这样，你才能知道习惯会带你去向何方。如果你的习惯与梦想不符，要么改变你的习惯，要么改变你的梦想。如果你想坚持梦想，那就要为改变你的坏习惯做好准备，因为它们永远不会自行消失。

这个过程是痛苦的，因为做一些与习惯相悖的事会让人感觉怪异。为了明确我所说的意思，我们来看些例子，试试这些简单的动作：

如果你的习惯与梦想不符，要么改变你的习惯，要么改变你的梦想。

1.双手合十，手指交叉。当人们这样做时，他们总是习惯性地将某个拇指放在上面。现在，分开你的双手，再次手指交叉，但让你的另一个拇指在上面。感觉很奇怪，对吗？

2.交叉双臂。同理，当人们这样做时，他们总是把同一只手臂放在上面。分开双臂，再次交叉，但把另一只手臂放在上面。

3.拍拍手。你习惯用一只手去拍另一只手。现在尝试反着做。

如果有人要求你以后用与习惯相反的方式做这三件事，你会感到尴尬和不舒服。你需要不断地努力才能改变之前的习惯。这就是当你努力改变生活习惯时的感受。但你必须愿意做出这样的改变。如果你知道新习惯会让你更接近梦想，那么努力是值得的，不是吗？把这些事想象成改变自己的一个项目。

你的梦想基于你真正的潜能吗

最后，你需要在你真正的潜能上建立优势。在生活中，你不能改变你的起点。你就是你，这是事实。你所能做的就是努力改变你最终的结局。如果你想实现梦想，你必须确保你的优势、习惯和潜力是一致的。如果它们与你的梦想不符，那就糟糕了。

我的优势领域很明显。我擅长领导、沟通、创造和社交，因此我只能在这四个方面有出色的表现。对于其他方面，我表现平平甚至很糟。我的弱势项目比比皆是，我自己以及周围的人都清楚。为了弥补不足，我发展了一个团队，并且创造了一些原则和习惯来帮助我提高自己的能力。以下是一些能够让我更接近梦想的关键习惯练习：

每天读一些关于领导力的文章。
每天整理一些关于领导问题的档案。
每天就领导力的主题写下一些想法。
每天讨论领导方面的话题。
每天问一些关于领导力的问题。
每天培训他人的领导力。
每天思考领导力的主题。
每天在领导力方面为人们增加价值。
每天和上级领导谈论领导力的问题。
每天努力培养与领导的良好关系。
每天努力赢得领导的尊重。
每天努力为领导者增加价值，而不期望得到回报。

尽管我每天都做这些事情，但在几天、几周或几个月内，并不会有太大的效果。几年后，我才开始看到这些事情带来的影响力。几十年后，它的影响力开始积累。为什么我要这么努力？因为我的梦想是为那些能够为他人增值的领导者创造价值。这与我的现实情况、我的优势、我的习惯和我的潜力都是一致的。

我没办法告诉你需要养成什么样的习惯才能实现你的梦想，因为我不知道你的梦想，也不知道上帝赋予你的潜力。但我知道的是：如果你知道自己的优势，并利用这些优势来实现梦想，坚持不懈，直到它们变成你的习惯，那么你实现梦想的概率就会非常大。对大多数人来说，他们所面临的限制不是来自于外部，而是来自于他们自身。

让现实成为你的盟友

他想当乐队指挥，可是他的风格很古怪：当他指挥柔和的篇章时，他会蹲下；当音乐渐强时，他会大叫一声跳起来。有一次他跳起来暗示一段戏剧性的段落时，演奏者们并没有回应。他手足无措，急得乱跳。演奏者们通常是看第一小提琴手而不是他的指挥。

他的记忆力不太好。在一次指挥管弦乐队的演出中，本来有一段应该跳过的音乐，可是他忘了，又指挥大家进行演奏。所以当演奏者们跳过这段曲子时，他停止了指挥，并大声喊：“停！错了！那不行！重来！重来！”

对大多数人来说，他们所面临的限制不是来自于外部，而是来自于他们自身。

他有点笨拙。当他为自己写的一首钢琴协奏曲作指挥时，他想一边弹一边指挥，结果把钢琴上的蜡烛敲了下来。在另一场音乐会上，他撞倒了一个合唱团男孩。

演奏者们劝他放弃成为伟大指挥家的梦想。最后他屈服了。从那时起，路德维希·凡·贝多芬放弃了指挥事业，把注意力集中在作曲上。

在面对现实问题时，你又是怎样的？你想做一些你能力之外的事吗？你是否将自己的能力、习惯、潜力和抱负结合起来，使自己有更大的概率来获得成功？你是依靠运气或者别人来实现你的梦想吗？如果是这样，是时候做些调整了。

只要你能肯定地回答现实问题——我的能力是否足够实现我的梦想，那么现实永远不是梦想的敌人。

对于现实问题：我的能力是否足够实现我的梦想

你的回答是肯定的吗？

确保你对于实现梦想有正确的个人定位，并回答下列问题：

1.我的梦想是什么？如果你还没有写下你的梦想，现在就写吧。

2.我的起点怎样？定义你现在的位置。如果按照上一章的要求去做了，你可能已经描述过这一点。

3.我的优点和缺点是什么？描述一下你的三到五种能力。你想要实现的任何梦想都必须依靠这些优势。如果它们对你有所帮助，在这三到五种能力上面画一个圈。任何不在那个圈子里面的东西都是弱点！你只能依靠这些优势实现你的梦想，任何其他事情都在你能力之外，据此，相应地调整你的梦想。

4.我现在的好习惯和坏习惯是什么？写三列。第一列，写下你现在所有的习惯，只要这些习惯似乎有助于你实现梦想。第二列，写下所有影响你进步的习惯。第三列，写下能促使你朝着梦想前进的需要培养的新习惯。如果你对这项不确定，那就找一位对你很了解的值得信赖的导师，或者一位在你感兴趣的领域有所建树的人，听听他的建议。

5.我必须练习这些习惯多久才能发掘自己的潜能？评估一下你需要付出多少努力才能成长为一个能够实现梦想的人。向信任的导师或顾问核实你的评估。

第四章

激情问题：我的梦想是否在驱使我实现它

The Passion Question Does My Dream Compel Me to Follow It?

如果你在做一件令人兴奋且你真正关心的事，你不需要被催促，愿景会牵引着你前进。

——史蒂夫·乔布斯

你有没有在嘉年华或游戏厅看到过一种名为激情表的机器？它可以测量你有多浪漫。它通常有一个闪光的面板和一个金属手柄，当一股微弱的电流流过它时，你可以用力推住它。你握紧手柄的时间越长、力度越大，得分就越高。

如果我们对梦想的激情也能如此容易地被测量，会是多么有趣的事啊！只要把硬币投进机器里，握一下手柄，就能预测出我们成功的概率！但现实生活并非如此。

“我的梦想是否在驱使我实现它？”这个问题很难回答。如何知道你是否有足够的激情来实现梦想呢？

激情创造可能

对于任何想要实现梦想的人来说，激情都至关重要，因为它是一切成就的起点。我从没见过人能在没有激情、渴望的火花下实现任何有价值的事情！激情提供了使梦想成为可能的能量。你可能会问：“为什么你没有把它作为本书第一章的主题？”太多人说激情是梦想最重要的事情，但事实并非如此。只有激情并不足以实现梦想。激情问题只是你必须要肯定回答的十个问题之一，否则，你可能会在实现梦想之前失去干劲。

通往任何一个梦想的道路都充满了阻碍、难题和挫折。不幸

对于任何想要实现梦想的人来说，激情都至关重要，因为它是一切成就的起点。

的是，许多人的梦想因为这众多的困难而破灭了。这就是为什么激情如此重要——即使面对困难，它也能让梦想永存。它激励着你。因此，丹麦哲学家索伦·克尔凯郭尔说："如果让我许愿，我不会祈求财富和权力，而是祈求找到激情和潜力。安逸使人失望，可能性永远不会。"

激情的力量

什么是激情？它是一种热情，是你此刻的能量和专注力，也是你继续前进、迈向未来、追求梦想的动力。借用专栏作家威尔·霍布斯的话说，无论你是谁，无论你在哪里，无论你年龄多大，一些你想做的并且擅长做的事，或者一些更远大的事，使你迫不及待地从床上爬起来，投入你全部的精力。这就是激情。

简单来说，激情在以下三个方面对我们产生了重要的作用：

激情使我们振作，使我们能够战胜逆境

当你试图完成一些有价值的事情，你总是会面临逆境。激情可以帮助你渡过难关。2007年7月，我在南非约翰内斯堡的麦克希玛全球资讯公司进行了演讲。虽然约翰内斯堡之行

路途遥远，但这是一次非常愉快的经历。活动结束后的第二天，我有机会和组织者坐下来谈谈。负责组织此次活动的塔利塔·博伊库索是该集团的首席执行官，也是一位在人力资源开发方面拥有十多年丰富经验的人士。我们交谈时，她一直说这是“梦想成真”，她说，前几年，她为公司提出了一个新的领导力发展理念：国际化的领导活动。她说：“2006年，我做了一个决定，那就是每年至少做一件能让我成长并对我们国家更多人有益的大事。我对‘大事’的定义是，一件我认为不可能的、高风险的事。麦克斯韦尔博士，邀请你去南非参加这次活动就是我2007年要做的大事。”她接着描述了她组织这次活动必须克服的许多障碍，例如，直到她承诺自掏腰包赔偿公司的损失时，她才赢得了上司的认可；即使没能得到其他公司的赞助，她也没有放弃。她的热情使她坚持并成功组建了一支专业的团队。

“会议之前，许多人都知道这次活动对我和我的公司意味着什么。”塔利塔说，“但很少有人理解这对他们和他们的公司意味着什么。活动结束时，许多人遗憾没能邀请更多的朋友、家人以及公司内部的人参与。他们希望活动能延迟一天，他们希望也能在不久的将来举行一次类似的活动。许多人用一个词总结了他们对于这次活动的看法：卓越。旅途漫长，但最后的收获却是无价的。对我来说，这就是梦想成真！”

梦想总是在刚开始时最鼓舞人心。我们都经历过梦想产生时

在梦想的产生直至其最终实现的旅途中，需要付出巨大的努力。

的兴奋。因为我们看到了可能性，我们感受到了可能性带来的兴奋。我们预见了一个美好的未来。我们享受着那些希望我们成功的朋友的肯定。然后，我们将启程。我们很快会意识到，在梦想的产生直至其最终实现的旅途中，需要付出巨大的努力。就像每一位刚为人父母的人会发现，抚养孩子比生孩子难得多。

是什么让你度过了艰难的时光？是什么赋予你战胜逆境的力量？是激情！诗人威廉·亚瑟·沃德认为成功的关键在于：

当他人怀疑时，去相信。
当他人玩耍时，去计划。
当他人睡觉时，去学习。
当他人犹豫时，去决定。
当他人空想时，去准备。
当他人拖延时，去行动。
当他人祈盼时，去工作。
当他人浪费时，去节约。
当他人说话时，去倾听。
当他人皱眉时，去微笑。
当他人批评时，去赞扬。

要想在生活中取得成功，我们必须始终依靠我们的优势，不断前进，且要不断尝试跨出我们的舒适区。

当他人退出时，去坚持。

是什么带给你力量，使你相信、计划、学习、决定、准备、行动、工作、节约、倾听、微笑、赞扬和坚持？是激情！

激情驱使我们主动出击

要想在生活中取得成功，我们必须始终依靠我们的优势，不断前进，且要不断尝试跨出我们的舒适区。想想看，当你待在舒适区的时候，你有没有完成过什么重要的事情？我敢打赌没有。

大多数人不愿意跨出舒适区，因为我们喜欢安全感。我们不想看起来像个傻子，也不想失败。随着年龄的增长，我们会变得愈发自大。这是个问题，因为自大会扼杀激情，它使我们变得平庸。无论我们怀有多深切的渴望，它都会紧握我们的翅膀，阻止我们翱翔。它使我们的梦想遥不可及。

成功需要主动性，实现梦想亦如此。成功要求我们敢于冒险。剧作家萧伯纳说：“我讨厌所有理性的人：他们无所事事还理直气壮。”激情可能使我们失去理智，它促使我们离开舒适区，跨过敏感的门槛，它使我们勇于迈向外面的世界，催促我们踏上通往梦想的道路。

成功不是快乐的关键。快乐是成功的关键。如果你热爱你正在做的事，你就会成功。

——阿尔贝特·施韦泽

激情使我们处于有利位置，赋予我们最大的成功机会

传教医生阿尔贝特·施韦泽说："成功不是快乐的关键。快乐是成功的关键。如果你热爱你正在做的事，你就会成功。"当我们拥有激情并追随它的指引时，我们就会拥有正确的定位。激情促使我们成功。如果不追随激情的指引，我们会处于非常不利的境地。正如理查德·埃尔德建议的那样：

稳定的生活通常会让你事后后悔。我们都有天赋和梦想，有时两者并不匹配。但更多的时候，我们在发现之前就妥协了。后来，尽管我们可能取得了成功，但我们总是渴望回到那个时候，那时我们本应该为我们真正的梦想而奋斗。不要受外界的影响，不要认为你对待梦想或天赋不够谨慎。它们从来不需要谨慎，它们是为了给你的生活带来快乐和满足。

世界上大多数人都没去追随自己的激情。最后，他们倍感沮丧和难过。你可以从他们的生活中看到这一点。出版商马尔科姆·福布斯说："人生最大的错误是没有试图以自己喜欢的工作

人生有两个目标：第一，得到你想要的；第二，从得到的东西中获得快乐。只有最聪明的人才有第二个目标。

——洛根 · 皮尔索尔 · 史密斯

为生。”因此，他们只是努力忍受自己的工作和生活，无法施展才能。他们浑浑噩噩地盼望周末，只想混日子混到退休。太可惜了，因为人们成功的机会与他们从所做的事情中获得的快乐程度成正比。他们安于现状，只会把自己置于艰难的境地。若他们追随自己的激情，一切会变得更加乐观。

洛杉矶道奇队在全国联盟季后赛中遭到惨败后，经理汤米·拉索达接受了电台采访，但他仍然展示了他对棒球的热情。尽管比赛输了，他还是能够慷慨激昂地谈论比赛。主持人很惊讶，问他在输掉这么重要的比赛后，怎么会这么乐观？

拉索达回答说：“我人生中最美好的事就是打赢一场比赛，第二美好的事就是输掉一场比赛。”这位经验丰富的经理热爱棒球，他参与这项比赛的每一天都是在实现梦想。

当天赋被激情点燃时，梦想就会成真。最好的职业建议是发现你的激情并追随它。当你把梦想变成你的职业时，你会在一生中绝大部分时间里体验到成就感。作家洛根·皮尔索尔·史密斯观察到：“人生有两个目标：第一，得到你想要的；第二，从得到的东西中获得快乐。只有最聪明的人才有第二个目标。”

一个热爱吉他的男人

有个名叫鲍伯·泰勒的人，他得到了他想要的并且乐在其中。20世纪80年代初，我就认识了鲍伯，当时我是圣地亚哥地平线卫理教会的负责人，鲍伯在礼拜团队弹吉他。他给我的第一印象是个非常好的人。他很机灵，但也相当悠闲，除了谈到吉他时。鲍伯是泰勒吉他公司的创始人和总裁，制作吉他是他一生的工作和激情所在。

鲍伯从小就被两件事所吸引：第一件是弄清楚一个东西的运作原理。他说，他小时候总是拿着螺丝刀和扳手摆弄玩具。无论他在圣诞节得到什么礼物，都不可避免地会在12月26日前被拆掉。

鲍伯说："只有当电动火车教会我电动机是如何工作的时候，它才是有趣的。我不觉得只要看着火车转来转去有什么意思。"

鲍伯的另一个兴趣就是吉他。他九岁的时候用三美元从一个朋友那里买了第一个自己的原声吉他。但是不久，他又把他的吉他摆弄坏了。十岁时，他锯掉了吉他的一部分，试图用它来改装一把电吉他。虽然最后没有成功，但早在那个年龄，他就愿意尝试制作很多东西了。

初中和高中时，鲍伯是工艺课上的一个奇才，他连续两年用金属工艺品赢得参与加利福尼亚州工业艺术博览会的资格。在高二时，他把目光投向了木制工艺品，开始了一个连老师都完成不了的项目：制作十二弦吉他。他花了将近一年的时间，最后终于成功了。

第二年，鲍伯又在业余时间造了两把吉他。在那之后，他明白了自己人生的追求。他立即告诉父母，他不打算上大学了，他要成为一名吉他手。他母亲哭了。她担心他不会成功。但不遵循常规道路的人也能成功。我们要追随自己的激情。1973年9月，就在高中毕业三个月后，鲍伯加入了一家名为“美国梦”的私人嬉皮士吉他作坊，在那儿每个工人都是半独立的承包商。鲍伯立刻给那里的人留下了印象。另一位在那里工作的吉他制作人谈到鲍伯时说：“他高中毕业就来了，工作的速度和质量让所有人都大吃一惊。他只是低着头，认真工作，仿佛有一种我从未见过的动力。”

鲍伯的工具，有些是店主的，还有一些是他高中时在金属店设计制造的。他在工作中获得了知识、经验并提升了自己的手工效率。“我花了一个月的时间才制作出第一把吉他，”鲍伯回忆道，“太慢了。每把吉他只赚几百美元，如果一年只造十二把吉他，我就无法谋生。那时，我的身心是我认为最需要改进的工具，所以我努力提高自己的技能和态度。我开始学习如何用自己的双手更快更好地制作吉他。后来的工作中，我开始改良工具以加快制作过程。”

鲍伯努力工作，不断试验新的制造技术。他对于制造伟大吉他的渴望随着每个项目的完成与日俱增。他觉得是这种“没有什么能比卖你自己做的吉他感觉更棒了！”的想法驱使他不断进步。

从吉他匠人到企业老板

鲍伯在那里工作了大约一年后，由于老板没有赚到钱，决定把吉他店卖掉。两个在那里做吉他表面修整工作的年轻人决定把它买下来。其中一位名叫库尔特·利图格，他父亲建议他寻找一位真正知道如何制作吉他的人，作为第三位合作伙伴。鲍伯那时是店里最好的吉他制作工，所以库尔特邀请他加入他们。1974年10月，他们三人买下了这家店，开始营业。因为鲍伯是吉他制作者，所以他们决定用泰勒这个名字命名他们的乐器。

在接下来的一年，他们都努力工作。鲍伯是主要的开发者、设计师。他买了原木锯来做吉他木；他开发了新的制造技术和设计，如螺栓连接的吉他颈；他甚至在需要的时候设计和制造工具。他和他认识的每一位吉他制作人、修理工进行交谈。他在不断地努力学习。

与此同时，库尔特·利图格主要负责经营，同时在店里帮些忙。但这并非易事，尤其是在经济上。十年来，他们艰难地运营着公司，好几次需要通过借钱维持生活。公司成立早期，他们没有给自己任何报酬。1977年，当合伙人最终决定每周给自己支付十五美元的薪水时，鲍伯觉得这将是一个重大的转折点。不幸的是，他们经常拿不到工资，因为他们知道店里没有足够的钱。1983年，鲍伯和库尔特买了另一个合伙人的股份，这位合伙人再也无法体会他们最初的热情。

尽管经济困难，但鲍伯依旧充满热情。他在工作时，就埋头做吉他。他下班后，也在思考吉他。鲍伯解释说："我因为缺钱而倍感压力。但实际上白天我很开心，因为我在做吉他和实现我的梦想。为了我的目标，吉他需要被出售的唯一原因是我可以继续制作……我只是担心我们会倒闭，然后我不得不从事我讨厌的工作。"

激情最终带来了经济回报

20世纪80年代中期，尽管原声吉他在音乐界已经过时，但情况开始好转。鲍伯公司的吉他产量每周高达二十二把。库尔特·利图格成功让一家音乐商店直接从他们公司购买吉他。他们第一次真正盈利了。是他们的激情支撑着他们最终渡过了难关！激情不断推动着梦想的发展。指弹吉他冠军克里斯·普罗克托说："鲍伯早上醒来，就想把吉他做得更好。库尔特早上醒来，就想让公司变得更好。"

如今，泰勒吉他是世界上最成功的乐器制造商之一。该公司以在仪器设计和制造方面的创新而闻名。利用鲍伯的热情、令人难以置信的吉他知识以及设计和制造工具的能力，该公司率先使用计算机控制的铣床，打造了环境友好的饰面，并开发了有助于缓解日益紧缺的外来木材供应的制造技术。该公司员工一直在生产工艺精湛、音质稳定的吉他。公司的发展速度令人难以置信。如今，泰勒公司有四百五十多名员工，每年生产超过七万两千件乐器。

更值得一提的是，泰勒吉他还以与其他制造商分享其专业知识而闻名。为什么？因为鲍伯热爱吉他和吉他制作者。他记得在他刚学习吉他的时候，其他吉他制作者也很坦率和乐于助人。

他说：“从那以后，我觉得我应该像那些制作者一样自由地掌握自己的知识。我想在我离开后，听到人们说：‘他留给吉他世界的东西远比他想得多。’那我将很开心。这是一个不错的纪念方式。”

读读你的激情指数

你对自己的梦想有多少激情？你在早上醒来，晚上上床睡觉时，会像鲍伯那样想着你的梦想吗？即使你无法通过它谋生，你也愿意追求它吗？在你成功，为众人所知之前，你愿意用十多年的时间来提高你的技能和优化你的态度并一直坚持下去吗？即使是现在，作为世界上最成功的吉他制造商，鲍伯·泰勒仍在努力寻找新的方法制作更好的吉他。他从未放弃，也从未停止过。近年来，这家一直制造声学吉他的公司已经开始制造创新的电吉他。而真正值得一提的是，鲍勃除了对吉他有着巨大的激情和专注外，他还是一个有着三十多年幸福婚姻的坚强的男人！

实现梦想的人对激情问题的回答是肯定的。他们感到必须追随自己的梦想。他们不在乎这看起来是否正常或符合实际。事实上鲍伯在高中开始制作他的第一把吉他时，人们都认为他很怪异，并试图劝阻他。

“嘿，泰勒，你在捣弄什么？”他们会问。

“一把吉他。”他回答。

“你不是。你以为你在造吉他，但你不是。你永远也做不到。”他们批评道。

“好吧，我没有。”鲍伯回答道，然后继续工作。

“很奇怪，但我不太在意，因为我习惯了干自己的傻事。”鲍伯后来说。

你如何衡量你的激情？回到激情等级的概念，谈到你的梦想时，你会如何打分？

激情指数：

10.我的激情是如此炽热，甚至点燃了别人的热情。

9.我无法想象没有梦想的生活。

8.我愿意为此牺牲其他重要的东西。

7.我被它点燃了，而且它常常耗费我大量的精力思考。

6.我喜欢它，因为它是我的兴趣之一。

5.我可以做也可以不做。

4.我宁愿不去想它。

3.我特意避开它。

2.我把它列在我最不喜欢的东西的单子上了。

1.我宁愿在没有麻醉的情况下做根管手术，也不要它。

看看鲍伯·泰勒对吉他的热情，我认为他得了10分。我不是音乐家，但当鲍伯谈到吉他时，甚至让我也很兴奋。他的激情令人信服。

我的激情是什么？为领导者增加价值。我一直在想这件事。为了学习领导力，我在生活的许多其他方面都做出了牺牲。我把自己过去的二十年都专注在这上面。当我谈到这件事时，其他人也会被我的激情所点燃。这是我爱的，也是我活着的目的。当我教别人学习领导力时，我忍不住想，我就是为它而生！

想想你的梦想，再看看激情等级，哪个条目最能描述你？如果你的分数低于8分，你的梦想之路可能不会一帆风顺。牺牲的意愿仅仅是拥有足够激情去实现梦想的切入点。如果没有这一点，也不足以让你坚持下去。这就引出了激情的另一个重要方面：坚持。如果你仅仅有点燃梦想的激情，却不能将这种激情持续下去，我想是不够的。如果你和大多数人一样，你将必须追随你的激情很长一段时间，才能得到可能的外在的奖励。

燃起激情之火

如果你的激情水平是8、9或10，那很不错。但如果不是，是不是意味着你注定要失败？如果你没有强烈的欲望去追求你的梦

如果你和大多数人一样，你将必须追随你的激情很长一段时间，才能得到可能的外在的奖励。

想，就永远无法实现梦想？不一定。当然，如果你没有一个正确的梦想，你就需要重新审视归属和现实问题。然而，你也可能在正确的道路上，却没有足够的激情使你继续前行。如果你目前恰好如此，那么要告诉你一个好消息，你仍然可以做一些具体的事情点燃你的激情之火。试试这些能给你更多行动力的事情。

考虑你的性格

每个人的性格都不一样。也许你天生就属于忧郁型（喜欢做正确的事情）或冷漠型（冷静沉稳），你可能不是天生热情或感情外露的人。没关系。你只需要将性格纳入考虑范围。作家查理·韦策尔同时具备这两种性格特征，因此，他不是那种对自己关心的事情兴奋不已的人。然而，他以绝对的毅力弥补了这一点。在过去的十四年里，他和我一起写了四十五本书。没有毅力谁也做不到。如果你的性格类似于查理，你也许可以利用性格中顽强的毅力。

也许你的性格是乐观型（你喜欢有趣的事情）或者暴躁型（你希望事情按你的方式进行），你可能对你关心的任何事情都充满激情。然而，你也很可能很快对事物失去兴趣。你的热情很高，但不持久。这是我的性格特征。我对某事容易变得非常兴奋，但我很快就会转身投入下一件事。你也要考虑到这一点。把这个想象成烹饪，一直维持你的激情。

比如，一块牛肉，比如一块菲力牛排，最好在高温下烹饪较短时间。又比如，牛肩肉需要在较低的温度下烹饪更长的时间。不管怎样，你都可以拥有一顿美味的大餐。但你要知道你需要什么样的肉和如何烹饪它。

关注对你重要的事情

我读过的最好的领导力书籍之一是詹姆斯·库泽斯和巴里·波斯纳合著的《领导力》，作者问约翰·斯坦福（美国陆军的一位少将）他是如何培养领导者的。斯坦福回答说：

> 每当有人问我这个问题时，我就会告诉他们，我有成功的秘诀，那就是保持热爱。热爱之火使你能够点燃别人，看到别人的内心，使你比别人更想把事情做好。一个没有热爱的人并不会真正感受到那种帮助别人取得成功并带领他实现目标的兴奋。生活中难道还有什么比热爱更能让人感觉到兴奋、积极？

斯坦福意识到，他必须把对人的热爱放在首位，否则他将无法很好地领导他们。很多人不会那样做。他们看不到对他们真正重要的东西，结果他们的火熄灭了。

如果你对自己的梦想没有激情，记住那些对你重要的东西，以及一开始你想追求梦想的原因。只要记住这一点，你就更容易让激情之火继续燃烧。

克服对特立独行的恐惧

我们已经知道鲍伯·泰勒和他的同龄人是不一样的。他的高中同学经常不理解他。实际上当他十九岁去“美国梦”吉他店工作时，他也不太适合那里。此前在那儿工作的格雷格·迪林回忆说：“鲍伯和那里的其他人都不一样。除了我和山姆（店主），他是唯一一个不是长发嬉皮士的人。”鲍伯不在乎他的与众不同。不管怎样，他还是实现了他的梦想。

在我职业生涯的早期，我觉得自己是个外来者。我感觉很难融进我认识的人中。我从来就不是“男孩中的一员”。一开始，这让我很困扰。但我相信我所做的，我想建立一个有影响力的教会。我勇往直前。虽然这耗费了我多年时间，但最终我还是成功了。更令我惊讶的是，人们开始向我寻求建议。

实现梦想的人往往分外突出。如果你是丢进人堆就找不出来的平庸之辈，通常就无法实现你的梦想。如果你想过不平凡的生活，做不平凡的事情，你需要追随你的激情，而不是担心别人对你的看法。

抵制成长过程中产生的冷漠

孩子们天生热情奔放。他们热爱生活，怀着远大的梦想。有

实现梦想的人往往分外突出。如果你是丢进人堆就找不出来的平庸之辈，通常就无法实现你的梦想。

些人在童年和成年早期一直保持着这种热情和活力。但在成长的某个时期，大多数人失去了对生活的热情，变得越来越冷漠。也许是因为他们失去了理想主义，或者日复一日的困难使他们气馁。不管怎样，他们最终丧失了激情。许多人习惯于舒适而无成就感的生活，所以他们放弃了。

别让这种事发生在你身上。无论遇到什么失望或困难，都不要让它们侵蚀你的激情。即使是那些遭遇悲剧的人也能找到目标。在人生的每个年龄和阶段，障碍和优势以及考验和胜利都是并存的。其结果取决于你是否充分利用积极的一面，而不是让消极的一面阻碍你，使你感到失望。例如，我现在已经六十多岁了，我发现我的精力要比以前差得多。这一开始让我很困扰，因为我不想放慢我前进的脚步。但现在我充分利用了我的闲暇时间，和我的家人，包括我的五个孙子，一起享受更多的时光。我比任何人都更享受这段时光。

对于激情问题，你的答案是什么呢？如果激情水平不高，你愿意做什么提高你的激情使其达到一个足以使你越过障碍并助你前行的水平？

光有激情不足以实现梦想。但我能想到的比激情更重要的东西却屈指可数。做你喜欢做的事，爱你所做的事，将为你前行

当爱和才能结合在一起时，将诞生一部杰作。

——约翰·罗斯金

的步伐提供持续的动力。它们可以改变你的思维方式、工作方式以及与他人交往的方式。激情将改变你。正如作家、评论家约翰·罗斯金所说："当爱和才能结合在一起时，将诞生一部杰作。"这难道不是你想要的生活吗？

对于激情问题：我的梦想是否在驱使我实现它

你的回答是肯定的吗？

如果你缺乏追求梦想的激情，那么你必须解决这个问题，才能在某个领域取得成功：

你是否因为没有梦想而缺乏激情？如果是的话，留出一些时间思考和自我反省，重新审视归属问题，确认你的梦想是否真的是你的梦想。

你是否因为无法清晰地看到梦想而缺乏激情？如果是的话，想象一个关于梦想的清晰画面，然后将它写下来。

你是因为你的梦想不符合天赋和技能而缺乏激情？对你做不到的事情保持热情很难，确认你的梦想是基于你的天赋和能力。

你天生的性格掩饰了你的激情吗？如果你是那种不容易兴奋的人，那么试着利用你的目标感，让你集中精力；利用你天生的耐力，让你的激情燃烧。

你的激情是否因为害怕特立独行而受到压制？对于成为与众不同的人，如果你感到焦虑，你可以读一些你所崇拜的，并且在你所奋斗领域实现了梦想的人的传记。当你认为自己和你的偶像相似时，你可能会找到动机。

你的热情随着年龄的增长而减弱了吗？如果年龄增长即将要熄灭你曾经为梦想点燃的火花，你需要辨别这个梦想是否只是你一时兴起，或者它是否值得你继续花费时间和精力。想想当初你为什么感兴趣。记住最初的兴奋会让你重新振作起来。

每个人都有能力发现和利用激情的力量，无论他们的年龄多大、处于什么人生阶段或性格如何。拥有梦想从来不会早，也不会晚。

第五章

途径问题：我是否拥有实现梦想的策略

The Pathway Question: Do I Have a Strategy to Reach My Dream?

我们必须积极寻找；

我们必须掌握自己的命运，设想自己的物质生活，真正开始实现我们的梦想。

——莱斯·布朗

几个月前，参加完一场橄榄球比赛后，我和一群朋友相约去吃饭。团队成员大多数三十多岁，而我，已经六十岁，可谓这个组织的元老。所以我决定问问他们关于橄榄球、政治和梦想的事情。其中一个问题是："如果你能做一件事改变世界，那会是什么？"有些人此前从未考虑过这个问题，所以回答起来相当困难。而有些人则表达了他们参与崇高事业的想法。

在多数人分享了他们的看法后，其中一个人问我："那你会做什么，约翰？"就这个问题，此前我做过一些思考，我会选择教世界上每个孩子学会阅读。我相信阅读能力有助于其他方面的学习以及个人的成长。

梦想的潜力

最近我读了一篇文章，文章中阐述了某位也希望通过帮助孩子学习来改变世界的朋友。值得赞扬的是，他并不仅仅只在空想，而是正在努力使之成为现实。他就是尼古拉斯·尼葛洛庞帝。他在麻省理工学院开始了他的研究生涯，他专攻计算机辅助设计，并在1966年先后取得了麻省理工学院学士与硕士学位。

我必须承认我不懂技术。当我坐下来写作时，我只有一支笔和一叠纸。然而，我偶然看到了一篇文章，其中一台只需一百五十美元的命名为XO的笔记本电脑引起了我强烈的兴趣，它被用来帮助发展中国家的儿童进行学习。这是尼古拉斯·尼葛洛庞帝的创意。

1982年，尼葛洛庞帝接受了法国政府的邀请，参与了一个在发展中国家计算机辅助实验项目。有了史蒂夫·乔布斯提供的一些电脑，尼葛洛庞帝和其他人得以有机会在塞内加尔使孩子们感受科技。尽管该项目没有大获成功，但它最终为“每一个孩子都应该有一台自己的笔记本电脑（OLPC）”的伟大计划埋下了最初的种子，该计划旨在为全世界发展中国家的儿童设计低成本的笔记本电脑，即使是那些没有自来水、电力或电话服务的地方。

尼葛洛庞帝梦想创造一种既创新又坚固、简单的设备。它的活动部件很少，在恶劣的环境中也能正常运行。它会自动与其他同类计算机联网，并且很省电。它甚至可以使用太阳能或手摇电源来运行。它上面的所有软件都是开放的，这意味着它不受版权保护，任何人都可以使用、访问和修改。这个概念被称为“一百美金的笔记本电脑”。

凭借四十年的创新经验，尼葛洛庞帝有能力和人脉来促进此类设备的创造，但技术创新并不是吸引他的原因。更确切地说，是“这种设备会帮助人们”这种想法驱动着他。正如他经常告诉大众的：“‘每一个孩子都应该有一台自己的笔记本电脑’是一个学习项目，而不是笔记本电脑营销项目。”尼葛洛庞帝的观点与OLPC的使命宣言“任何国家最宝贵的资源都是孩子”不谋而合。我们相信，世界各国必须利用儿童天生的学习、分享和创造能力这一资源。基于此想法，XO笔记本电脑诞生了，这是一款专为“学习”而设计的儿童电脑。2006年，尼葛洛庞帝辞去了麻省理工学院媒体实验室主席的职务，这样他就可以将余生奉献给自己的梦想：帮助孩子成长和实现他们的潜能。

寻找通往成功的途径

有些人太过武断，批评尼葛洛庞帝的梦想。时任英特尔董事长克雷格·巴雷特说：“尼葛洛庞帝先生称之为100美金的笔记本电脑，我认为更现实的标题应该是‘100美元的小工具’。但问题是，这些小玩意儿并没有成功。”还有一些人认为尼葛洛庞帝的雄心勃勃未免太天真了，他只是在拼命前行而已。但对尼葛洛庞帝来说，为了实现梦想，他需要就以下三件事部署他的策略：第一，设计计算机；第二，压缩生产成本；第三，通过将其（以成本价）卖给发展中国家，得以让全世界的儿童都能买到。第一件事最简单。

尽管团队中的每个人都面临着挫折和阻碍，但之后他们取得了相当快的进展。当他们找到制造商时，他们克服了第二个障碍。在那一刻，尼葛洛庞帝认为其他一切也都能够很快实现，但他严重低估了第三项任务的难度。他计划直接与中国、印度、泰国、埃及、尼日利亚、巴西和阿根廷七个主要国家的教育部合作，如果不雇佣销售和营销团队，他会说服他们在第一年购买七百万到一千万台计算机。他认为，一旦第一批计算机问世，世界其他地区也将效仿，明年他们将卖出一亿到两亿台计算机。

可惜一切并没有如他所愿。没有批量的订单。他们需要帮助。OLPC需要从梦想者转变成战略实施者。为了做到这一点，尼葛洛庞帝获得了总部位于迈阿密的移动设备制造商和分销商Brightstar的帮助，他们此前已经在另一个项目上达成了合作。在某些领域，他们拥有尼葛洛庞帝的团队所没有的经验。尼葛洛庞帝承认：

这里大多数人，没有经验，从而没有能力进行这种过渡。我们擅长产生新的想法和颠覆性的设计。这就是我们将几乎所有的销售和市场营销转移到迈阿密的原因之一。他们有很多这方面的经验，而在整个后勤方面，主要是指从工厂端到销售端……这些（战略过程）是由真正穿西装的人来管理的，他们了解这个世界，无论是政治世界还是商业世界。

尼葛洛庞帝没有放弃他的梦想。他改变了策略。他愿意不惜一切代价。正如作家、科技记者罗伯特·布德瑞所观察到的那样，尼葛洛庞帝“有技能、人脉、精力和胆量去追求梦想。他是个有钱人，出身于一个有权势的家庭。他现在六十三岁，作为麻省理工学院媒体实验室的创始人，已经很有名望了。但他并没有停滞，没有放松，也没有享受生活，而是决定以另一种方式，实现改变世界的梦想，从而享受生活。”

在我写这本书的时候，他还没有成功，但他在不断努力。2007年11月，这种计算机开始批量生产。很快，秘鲁订购了二十六万台。此外，通过美国的一个项目卖出了十九万台，在这个项目中，买家自己可以得到一台XO笔记本电脑，并且还将得到另外一台XO笔记本电脑捐赠给发展中国家的一个孩子。在未来的几年里，我们将见证尼葛洛庞帝和OLPC是否能够制订、实施一个与他们梦想相匹配的远大的战略。

你有什么计划

你有实现梦想的策略吗？对于路径问题，你的答案是什么？你想解决这个问题吗？或者你在等一个救星来拯救你？如果你像迪士尼电影里的动画人物一样，向星星许愿，然后一直等待它成真，最终你不会如愿的！

一个没有梦想的人是悲哀的。一个有梦想但没有策略，无法继续向梦想前进或无法打好通往梦想地基的人也是悲哀的。这些年，我一直致力于帮助别人实现他们的梦想。我天生就是个鼓舞者。我喜欢激励人们拥有梦想，因为我相信生活中有太多的人期待值太低。但当我和别人交谈，请他们给我分享他们的梦想时，我发现他们的生活和梦想是脱离的，是毫无关系的。

“那是一个伟大的梦想！”这是我对他们描绘的画面的反

仅仅拥有梦想，不会有奇迹发生。
你不能坐以待毙。你必须为此努力。

馈。然后我问：“你将如何实现它？”一些人完全不知道。如果他们的梦想是全新的，而且他们已经开始着手制订战略，那就没问题，就像迈克·海特的案例（第二章）一样。但如果我在六个月、一年或五年后看到他们，他们仍然没有策略，那就麻烦了。他们没能实现从梦想者到实现者的转变。

仅仅拥有梦想，不会有奇迹发生。你不能坐以待毙。你必须为此努力。你得有策略来指导你的努力方向以及保持你的专注力。本书的创作目的是给你一个确切的机会实现你的梦想。记住，对于梦想的十个问题，回答得越多，你就越有可能实现你的梦想。路径问题是整个想法的关键。如果你有实现梦想的策略，你就有很大的概率实现它。如果不是，你还不如生活在梦幻世界里。

一位朋友最近向我介绍了培训和出版机构ThinkTQ在2005年发表的一项研究结果。研究结果表明人们很少制订实现梦想的策略。以下是关于受试者的一份研究结果：

26%的人关注的是他们生活中想要的具体的目标。

19%的人设定的目标与他们的目的、使命和激情相一致。

15%的人会把目标的所有细节写下来。

12%的人对每个重要的兴趣和生活角色有明确的目标。

12%的人确定了相关的每日、每周和长期目标以及最终实现期限。

7%的人每天会为达到至少一个目标而采取行动。

这项研究的作者评论说："美国人的表现，再一次在这个关键领域中得到了'失败（F）'。简而言之，他们没有始终如一地采取必要行动，使心中的梦想符合生活的实际，并进一步有可能被实现。"事实上，大多数人没有采取行动实现他们的梦想是因为他们缺乏战略规划。

如何实现你的梦想

英国小说家玛丽·韦布建议说："在你实现梦想之前，先做好准备。"这是什么意思？这意味着我们需要策略。策略与梦想同等重要。虽然多数人认同策略很重要，然而，他们依旧缺乏策略。他们忘了把它作为过程的一部分。他们忙于沉浸在梦想中，以至于忽略了策略的制订。

本章的目标是帮助你制订策略。每个梦想都是独一无二的，所以我无法直接告诉你。不过，我可以给你一个制订策略的方法，希望对你有所帮助。这也是我自己制订策略的方法，它基于"稳妥"二字。我希望它于你仍然是有所帮助的、印象深刻的。

取得成功的秘诀在于开始。开始的秘诀是把复杂的、巨大的任务分解成小的、可管理的任务，然后从第一个任务开始。

——马克·吐温

陈述定位

实现梦想的过程就像使用GPS（全球定位系统）设备到达目的地一样。如果它知道你的出发地和目的地，它就可以为你生成一个路线。GPS和你的区别在于你必须自己创建所有的转弯方向。美国小说家马克·吐温说：“取得成功的秘诀在于开始。开始的秘诀是把复杂的、巨大的任务分解成小的、可管理的任务，然后从第一个任务开始。”

当我想制订一个实现梦想的计划时，我首先要弄清楚我自己的定位。

1.我目前的定位。首先，我会问自己，我处于何种现状？对于这一点，我必须坦诚。我知道，我不可能忽视现实而获得成功。如果我不确定我目前的状况是否与我的梦想有关，那么我会问问那些能帮我解决问题的人。

通用电气前首席执行官杰克·韦尔奇说：“制订战略首先要求你了解你在当今世界的位置。不是指你想去的地方或者你希望在什么样的位置，而是指你所处的现实状况。然后再试图弄清楚你想在五年后去到何方。最后，评估实现目标的现实机会。”

如果你和大多数人一样，你可能不会对你的起点感到兴奋。

有大量的证据表明，除非你在生活中设定一个目标，否则你不可能拥有最佳状态。
——亨利·恺撒

但当你考虑实际时，请记住理查德·伊文斯在《圣诞盒子》一书中所说："所有最终到达目的地的人均始于他们原本的位置。"

2.我将来的定位。下一步，弄清楚我将去向何方。我会问自己，当我实现梦想时，它会是什么样子？确定未来的自我定位将给我追求梦想的方向和动力。实业家亨利·恺撒（恺撒铝业的创始人以及恺撒永久医疗体系的创始人）说："有大量的证据表明，除非你在生活中设定一个目标，否则你不可能拥有最佳状态。"

3.介于以上两者之间的路径。然后我试着找出两者之间的路径，我会问自己，从现在的位置到未来的位置，我必须采取哪些措施？你必须设定一系列的小目标来达到你的终极目标。正如我的朋友、作家迪克·比格斯所说："你的梦想是一个关于你想去何方的总体想法。但你的目标是具体的、现实的，这表明你将如何实现目标。"

当你开始写下你期望实现的梦想的步骤时，不要期望这将又快又容易。计划是明确和简单的，但生活以及你对梦想的追求是复杂的。写下行动步骤这个过程只是一个开始，它能让你行动起来，但它远不是一门精确的科学。导演乔治·卢卡斯评论道："设定现实的目标是最难做的事情之一，因为你并不总是知道你要去哪里，或者你不应该去哪里。对我来说，在学校学习和取得好成绩，我感兴趣的科目就是一个我设定的大目标，我专注于此。”

许多人错误地认为，一旦他们知道自己目前的和将来的定位，并确定了可以让他们实现目标的策略，他们就解决了路径问题。但如果事实的确如此，就会有更多的人实现他们的梦想。策略不仅仅是步骤。这就引出了在陈述你的定位之后必须做的下一件事。

反省所有行为

梦想和痴心妄想的真正区别在于你每天的行为。英国作家、艺术评论家、社会评论员约翰·拉斯金说：“我们的想法、知识、信仰，归根结底都是无关紧要的。唯一重要的就是我们的行为。”为了实现你的梦想，你必须：

1.有所行动。如果你天生是一个不爱行动或一个容易气馁的人，那么从做点什么（任何事）开始。《独立宣言》签署人约翰·汉考克说：“所有有价值的人都有好的想法、意见和计划，但很少有人能把这些东西付诸行动。”

一开始，你只需要动起来。尝试不同的事情。如果你已经开始做一些事情，那么找到正确的方向就容易多了。美国爱依斯（AES）电力公司的联合创始人、前首席执行官丹尼斯·巴基曾表示：“我们尝试了很多东西，我们知道什么是有效的，我们称之为我们的策略。”换句话说，如果你不知道该做什么，那就尝试多做一些事。

梦想和痴心妄想的真正区别在于你每天的行为。

2.做一些与梦想相关的事情。赛跑选手、作家、心脏病学家乔治·希恩观察到："我们中总有人是这样的生活方式。我们一直在等待事情转变，直到我们有更多的时间，直到我们不那么累，直到我们得到提升，直到我们安定下来，直到……在我们开始实现梦想之前，似乎生活中总要发生一些重大事情。"如果你想实现梦想，你不能让自己成为那些人中的一员！如何避免呢？从此刻起，做一些能让你离梦想更近的事情。

电视新闻记者、《硬球》节目主持人克里斯·马修斯建议："无论你有什么雄心壮志，无论你想进入哪个领域，如果你想玩一场游戏，就去玩游戏的地方。如果你想当律师，就去法学院。如果你进不了最好的法学院，那就尽你所能进你能达到的最好的法学院。医学院或商学院之类的也一样。如果你想进入电视行业，给自己找份工作，任何这个行业中相关的一份工作。重要的是你需要敲开通往梦想的第一扇门。"他知道，是因为当他想在政界工作时，他去了华盛顿哥伦比亚特区，敲开了国会办公室的门，希望从中找到一份工作，任何一份工作都可以，来开启自己的奋起之路。最终，一位参议员给了他一份工作，那就是每天用几个小时回复一些琐碎的信件，然后还要以国会警察的身份在3点到11点负责轮班安保。这不是他最终想要的，但这是一个开始。

如果你想实现你的梦想，从此刻起能做什么让你离梦想更近呢？实现梦想没有捷径。你得循序渐进，你唯一能做的就是迈出你的第一步。遵循德国哲学家约翰·沃尔夫冈·冯·歌德的建议，他说：

每一次犹豫不决的结果就是拖延。
日复一日地哀叹只会让你错失时机。
立刻开始做那些你能做的或你认为能做的事情吧。
因为勇敢能够创造魔力、力量和天赋。

3.每天做一些与梦想相关的事情。个人成长倡导者厄尔·南丁格尔说：“我们读到一些人乘坐九米长的帆船环游世界，或者克服障碍在奥运会上赢得金牌，我们后来才从故事中明白‘坚持’的道理。”更深入地说，我认为它们是关于“专注”坚持的故事。成功的秘诀就在你的日常中。如果你日复一日地做正确的事情，你就会取得进步，然后最终实现你所想要的。这才是最重要的。

思索所有选择

第二次世界大战中，小乔治·巴顿将军宣称：“成功的将军根据环境制订策略，但不要试图创造环境来适应策略。”一旦你想出了一个实现梦想的计划，你很可能认为其中的步骤会让你实

成功的将军根据环境制订策略，但不要试图创造环境来适应策略。

——小乔治·巴顿

现梦想。这时，一种风险随之产生，那就是你可能会变得僵化，而忽视其他因素，一心只为了坚持你的计划。有时候探索其他选择或许更明智。当你在前进中遇到困难时，不要急于改变你的梦想，相反，要修改你的计划。

彼得·德鲁克常被称为现代管理学之父，他理解战略规划的不确定性。这不是一门精确的科学。任何人在创造一条通往梦想之路的过程中，都必须明白在这个过程中保持灵活的重要性。德鲁克说："战略规划是必要的，因为我们无法预测未来……战略规划不涉及未来的决策。它涉及当前决定的未来性。决定只存在于当下。战略决策者面临的问题不是他的组织明天应该做什么，而是'我们今天要做什么才能为不确定的明天做好准备'。"面对明天的不确定性，最好的办法是在事态发展时考虑我们所有的选择。

我观察到，形势往往决定了最佳策略。正如为了加强防守，教练允许许多橄榄球四分卫可以选择不同的传球方式以及打法一样。我们需要做好准备，做出改变，以实现我们的目标。当我们试图实现我们的梦想时，僵化的心态毫无作用。

沃尔玛创始人山姆·沃尔顿经常被认为是一位有远见的领袖。他的梦想是为顾客提供有价值的商品，从而改善他们的生活。他因改变计划和放弃无效的策略而闻名于世。山姆的儿子吉姆·沃尔顿

不管战略多美妙，你都应该偶尔看看结果如何。

——温斯顿·丘吉尔

承认："我们都嘲笑那些把父亲看作伟大战略家的作家，他们认为我父亲凭直觉制订了复杂的计划，并精确地实施了这些计划。其实父亲是在变革中茁壮成长，没有一个决定是一成不变的。"

英国首相温斯顿·丘吉尔既是一名天才演说家，也是一名精神领袖，他在谈到战略时说："不管战略多美妙，你都应该偶尔看看结果如何。"我认为他说得很有道理，结果很重要。一个精心策划的战略如果不能产生积极的结果，有什么用呢？

利用所有资源

我想每个作家都梦想出一本畅销书，至少对我来说如此。到1997年，我已经写了十几本书，虽然我帮助了不少人，但没有产生我想要的影响。我相信很多作家在写完一本书后，会寄给出版社，然后就怀抱着希望。但问题是：希望不是一种策略。我知道如果我想要我的书进入畅销书排行榜，我必须有实现这个目标的策略。

作为一个领导者，我自然会从资源的角度考虑问题。我知道，为实现目标而投入的资源越多，成功的机会就越大。所以我就自己做了如下的评估：

1.一本好书的想法。这听起来显而易见，但一切由此开始。

你必须创造一些有价值的东西才能成为一个成功的作家。你不能只是问："我怎样才能卖出足够多的书，使之成为畅销书呢？"你应该思考："我能写些什么帮助人们，使之成为畅销书呢？"我的答案是《领导力21法则》。我相信这本书可以为那些想学习领导力的人增加价值。

2.一个优秀的团队。此刻，我周围都是优秀的人。我有一个好撰稿人。我有一个很棒的出版商——托马斯·尼尔森公司，它有助于我取得成功。我有自己的公司，在举办活动方面经验丰富。NBA教练帕特·莱利提出了团队合作的建议："团队合作要求每个人的努力方向一致。当一个团队的潜力被激活时，有意义的事情就会发生。"所有团队成员都准备好了，并且愿意共同努力，以实现让这本书登上畅销书排行榜的目标。

3.截止日期。要想取得成就，有两件事是必需的：计划和紧迫的时间。截止日期迫使你在规定的时间前完成某件事。我们知道，只有在较短时间内获得不错的销量，我们才有机会被出版业关注。

4.创造力。在团队集思广益讨论如何在短时间内销售大量书籍后，我们想出了一个好主意。我们决定五天内去十五个城市签售书籍。我们租了一架飞机；负责在城市免费举办活动的后勤人员，邀请当地书店在活动中出售书籍，并做了一系列宣传。在一切安排妥当后，我们去了坦帕、亚特兰大、夏洛特、华盛顿、匹兹堡、哥伦布、印第安纳波利斯、大急流城、圣路易斯、达拉斯、俄克拉荷马城、丹佛、圣何塞、洛杉矶和圣地亚哥。

5.机会。所有这些工作耗费了我们诸多精力，但也给我们创造了接触读者、进行签售的机会。人们可以选择买或是不买。无论到哪个城市，我都希望通过《领导力21法则》使人们从中受益。每个人都有机会从当地书店的代理处购买这本书。幸运的是，人们喜欢这本书。许多参加签售活动的企业家成箱购买，以此来培训他们的领导层。他们和其他人谈论这些书，这进一步促进了书籍的销售。月底时，《领导力21法则》这本书成功名列畅销书排行榜前三。它还在一本商业书单上霸榜二十三个月！十一年后，这本书已售出二百多万册。

想想你的梦想。你可能不想写书。你也许想赢得一枚奥运奖牌，创办一个伟大的公司，或者抚养你的孩子，让他们发挥自己的潜力。无论梦想如何，都需要资源。你有什么资源？你有什么资产？谁能帮你？仔细想想，列个单子。光有计划是不够的。为了实现梦想，你需要投入你拥有的所有资源。

放下所有非必要的东西

想想你的梦想。想想梦想可能导致的所有结果。如果你和大多数人一样，你能想到的是：你将得到的好处，你将去往的地方，你将遇到的人，你将拥有的东西，以及你将获得的职位或头衔。你有没有注意到那张梦想单子有什么特别之处？它只包含了将为你增加的价值，而不包含任何你必须放弃的东西。但是，如果你想在实现梦想的路上继续前行，你必须放弃一些东西。

伟大的梦想需要付出代价。本书第七章“代价问题”详细地阐述了这一点。请记住：你必须放弃一些东西才能实现你的梦想。最大的挑战并不是放弃那些会明显伤害你的东西，而是放弃那些你喜欢但帮不了你的好东西。例如，我有一个朋友，他非常喜欢打高尔夫球，但因为他的孩子年幼，以及打高尔夫球所耗费的时间太多，所以他已经十五年没打过高尔夫了。我把许多我喜欢做的事情委派给别人，因为别人做得几乎和我一样好。我喜欢搞研究，但我已经将很多这方面的工作安排给了员工。因为有些事只有我能做，所以我在这些事情上必须保持高度的专注力。

放弃日常生活中非必要的东西是一个持续的斗争，但值得你付出努力。为什么？因为大多数未能实现梦想的人并不是因为遭遇无法逾越的障碍而停下脚步。相反，他们是因为在逐梦旅途中试图携带太多东西而变得疲惫不堪。如果你想实现梦想，你需要放下那些非必要的东西，这样你才能将精力专注在对你真正重要的东西上。

接受所有挑战

在陈述所有的定位、反省所有行为、考虑所有选择、利用所有资源、放下了所有非必要的东西之后，你还有一件事要做：接受所有的挑战。所罗门国王，被认为是有史以来最聪明的人，他写道：“一个明智的人会留意前方的问题，并准备迎接它们。傻子从来不看，只要看承担后果。”

每一个通往梦想的道路都充满了挑战。期待挑战，并且准备好迎接挑战。难道你不想向前看并做好准备，而不是回头后悔吗？你可以想象你的梦想，想象一下你将要面对的挑战。首先是失败。每个人在追求梦想时都会经历失败。你的目标之一就是在失败中坚持你的梦想，直到最终成功。

几年前，当我在北卡罗来纳大学和杜克大学与一些教练一起进行领导力培训时，我遇到了体育心理学家罗伯·吉尔伯特。晚餐时，我问罗伯，成功的运动员和失败的运动员有什么区别。他的回答简单而深刻："失败的人只看到了失败的惩罚。成功的人早就想好了成功的回报。"

既然你必定会经历失败，我建议你把它当成你的朋友。我坚信这一点，所以我就此主题写了一本名为《转败为胜》的书。当失败发生时，你需要拥抱它、审视它并从中学习。如果你这样做了，你就不会重蹈覆辙，你也会因此变得意志坚强。

当你变通地处理问题时，请记住，虽然梦想可能保持不变，但其他一切，如时间、资源、设想、计划和团队成员都会发生变化。喜剧演员比尔·科斯比的俏皮话"除了鸽子，什么都不适合鸽子洞"幽默却真实。保持灵活性，随时准备改变。准备好运用两种技能：批判性思维，即需要改变什么；创造性思维，即我们怎样才能改变它。如果你能保持灵活性，运用这种思维，你就能更加从容地面对挑战，克服障碍。

当然，我无法保证你一定能通过这些步骤实现你的梦想。然

失败的人只看到了失败的惩罚。成功的人早就想好了成功的回报。

——罗伯·吉尔伯特

而，如果你有一个计划，充满灵活性，保持专注力，利用所有资源，每天努力向梦想靠近，你就有更大的概率实现梦想。当你将策略付诸实践，走上通往梦想的道路时，请牢记谚语：说起来容易，做起来难。

梦想来之不易，回报也是如此。所以，坚持住，一直努力。为了实现梦想，你得有始有终。

对于路径问题：我是否拥有实现梦想的策略

你的回答是肯定的吗？

当你考虑实现梦想的策略时，请使用“陈述、反省、考虑、利用、放下、接受”等关键缩写词帮助你进行过程规划：

陈述所有定位：

你的起点怎样？

你的目标是什么？

两者之间的策略有哪些？

反省所有行为：

你每天必须采取什么行动来接近你的梦想?

思索所有选择：

为了前进，你愿意改变策略的哪些方面?

利用所有资源：

你有什么资源可以支配?（列出你能想到的每样东西。）

放下所有非必要的东西：

你目前从事的哪些活动不符合你的梦想之旅?

接受所有挑战：

在你的梦想之旅中，你会遇到什么问题、障碍和失败?

你能做什么避免那些可以避免的事情?

你能做什么迎接挑战?

在遭遇失败前，你必须做什么准备?

用你对上述问题的回答写出：日常行为准则，每月目标，长期（多年）计划。然后按照它们去执行。但记住，你必须在未来几周、几个月和几年内根据实际不断进行调整。不要担心，每次调整，其实都是一次改进，这将增加你成功的机会。

第六章

人的问题：我是否已经招募到实现梦想所需的人

The People Question Have I Included the People I Need to Realize My Dream?

当你意识到自身局限性，以及别人可以帮助你做得更好时，你就能够向前迈进一大步。

——安德鲁·卡耐基

无论你的梦想是成为一名艺术家、企业家、政治家、诺贝尔奖获得者或者其他什么，你都需要与他人合作。除非你的梦想是在世外桃源中工作，不为任何人所知，否则你必须学会与他人合作，无论以合作伙伴还是赞助人、老板还是同事、客户还是团队成员、顾客还是批评家的身份。人的因素可大可小，这取决于你想做什么。但不管怎样，如果你想实现你的梦想，就必须得到他人的帮助。

我很早就意识到了这个事实。1969年，当我大学毕业，与妻子玛格丽特结婚仅仅几周后，我接受了我的第一份领导职位。我有一个伟大的梦想，那就是建立一个有影响力的大教会。然而，我的第一份工作却在印第安纳州一个农村的小教堂，那里并没有很多经费来源。当玛格丽特和我会见教会领袖时，他们决定给我一周八十美元的薪水，并告诉我，我可以再从事一些兼职工作来维持生计。

“不，”玛格丽特对他们说，“即使工资只有一半，约翰也会为教会奉献他的全部精力。他将成为一个伟大的领袖。”

玛格丽特做了三份工作维持我们的生活。她在幼儿园教书，在珠宝店做兼职，还要帮别人打扫房子。我很感谢玛格丽特付出了这么多，她对我的梦想之旅至关重要。我也永远不会忘记，在我们刚结婚那会儿，当她全力支持我和我的梦想时，我获得的动

梦想是你心中看到的一个令人信服的远大愿景，没有别人的帮助，就无法被实现。

——克里斯·霍奇斯

力。没有她，我无法实现任何梦想。

逐梦路上的帮助

我的朋友、牧师克里斯·霍奇斯说："梦想是你心中看到的一个令人信服的远大愿景，没有别人的帮助，就无法被实现。"我发现的确如此。没有别人的帮助，我不可能实现我的任何梦想。生活中，有很多人都对我产生了至关重要的影响。成百上千的人帮助我实现了我的梦想。有人激励了我。有人帮助了我。许多人把我的梦想当作自己的梦想。所有这些都给我的生活带来了改变和增值，我无法完全用语言来表达。每个人对我来说都是特别的，我非常感谢他们给予我的所有帮助。

如果你想实现你的梦想，你需要有一个能帮助你的团队。很难列出一个团队能为你做的所有事情，因为这个团队的作用太大了。最近我试着写下我的团队是如何帮助我的：

我的团队使我变得更好。

我的团队使我对他人的价值倍增。

我的团队使我能做我最擅长的事。

我的团队使我能帮助别人变得更好。

我的团队使我有更多的时间。

我的团队给予我陪伴。

我的团队帮助我满足内心的渴望。

我的团队将我的愿景和努力结合起来。

我的团队使我拥有了实现我的梦想的能力。

没有我的团队，我将无法做任何有意义的事情。

谁应该加入你的梦之队

对于人的问题，即我是否已经招募到实现梦想所需的人，你的答案是什么？当我和那些有激情、对梦想有清晰认识的人交谈时，我总是问是谁帮助他们实现梦想的。大多数优秀的领导者知道，他们无法靠自己的力量实现梦想，然后他们会列举一些团队中对他实现梦想有莫大帮助的人的名字。但有些人似乎被这个问题弄糊涂了，因为他们从来没有想过，实现自己的梦想需要别人的帮助。

我发现了如下事实：

有些人有梦想，但没有团队——他们的梦想不可能实现。

有些人有梦想，有一个糟糕的团队——他们的梦想是一场噩梦。

有些人有梦想，并且正在组建一支团队——他们的梦想有潜力。

有些人有梦想，有一个很棒的团队——他们的梦想最终肯定能得以实现。

光有梦想是不够的，你还必须有一个梦之队。

对于体育运动而言，也是如此。没有合适的球员就无法赢得比赛，这一点同样适用于生活的方方面面。如果你想实现你的梦想，你得有能和你一起为之奋斗的同伴。阿诺德·施瓦辛格就是这样，请回顾“归属问题”一章。他感谢雷格·帕克的鼓舞，感谢最亲密的朋友、健身伙伴弗朗哥·哥伦布，感谢乔·维德帮助他进入美国更高级别的健美运动，感谢他的公关夏洛特·帕克不知疲倦地为他做推广。当然，还有他的妻子玛丽亚·施赖弗，她无条件地支持他。

迈克·海特也是如此，请回顾“清晰问题”一章。如果没有团队，他永远不能改变他的部门状况，使之成为公司最具生产力的部门，也不会成为托马斯·尼尔森公司的首席执行官。

以安迪·赫尔为例，他对他的乐队伙伴们非常信任，全力合作进行每一次表演。他告诉我，对他来说，与合适的唱片公司、合适的律师、合适的经理合作非常重要。他所创建的社区正是他事业中的一部分。

如果没有长期合作伙伴库尔特·利图格或领导团队中的关键人物，以及成百上千的吉他制造工人，鲍伯·泰勒就不会成功。

科学怪人尼古拉斯·尼葛洛庞帝有一个专门为孩子们开发笔记

本电脑的精英团队。此外，还有另一个团队，专门负责销售产品。

研究世界上任何一个成功人士实现梦想的故事，你会发现他或她都是在别人的帮助下实现梦想的。

在回答人的问题之前，你可能会问自己一个问题：你应该拥有什么样的团队成员？那取决于你的梦想。几年前，我的朋友，Joy公司首席执行官沃尔特·卡尔莱斯塔德，给我读了一首短诗，以此确定应该加入某个梦之队的个人素质。他说梦之队的成员：

专注于你的意义，而不仅仅是你的成功。
尊重你的想法，而不是厌恶或轻蔑。
期待最好的结果。
肯定你的天赋与能力。
最大化学习和成长机会，以改进梦想和梦想者。
愿意花时间做出诚实的反馈。
无条件、无偏见地鼓励你，帮助你坚持下去。
只接受卓越，因为平庸扼杀梦想。
充分利用你的错误和失败。

我和你分享沃尔特的短诗，是因为我觉得它很有道理。你可以用它来回答人的问题。或者你可以使用我为梦想团队成员制订的三个标准。当你在阅读标准时，想想在你追求梦想的过程中，这些人是如何帮助你的：

我的梦之队包括激励我的人

灵感常常有助于梦想的产生，同时它也是让梦想常在的法宝。我们都需要别人的鼓励及帮助，这样我们才能进步。有些人就对我们有这种影响。当我们和他们在一起时，他们激励我们，使我们更坚强，拥有更好的思维能力，工作得更努力，敢于冒更多的风险。他们始终激励我们前行。

罗伯特·舒勒一直是数百万人的梦想鼓舞者，对我也是如此。他经常激励我克服失望和失败。当我的书《转败为胜》出版时，我将第一本书送给了他。一次晚餐时，我真诚地感谢了他通过书籍以及话语给我的激励。

在逐梦旅途中，我们常常会发现自己偏离了正轨，走了不必要的弯路。这时，我们就需要身边人的帮助。很多人都深得我心，因为有时当我自己不相信自己时，他们竟然相信我。他们乐于倾听，不会责备我；他们无条件地爱我，即使在我不讨喜时。如果没有他们，我就没有继续追求梦想的希望。

我的梦之队包括对我诚实的人

我也想要那些愿意告诉我真相的人成为团队成员。乍一听，这似乎与招募激励我的人的愿望相矛盾，但事实并非如此。我不想找那些总想击倒我的人，相反，我在寻找那些愿意并且能够给我建设性意见的人。对于梦想，这一点尤其重要，因为正如古希腊演说家狄摩西尼所言：“没有什么比欺骗自己更容易的了，但我们很容易相信那些我们期望的事情。”

许多人从不要求别人提供诚实的反馈。我认为他们害怕现实，担心有人告诉他们真相会让他们气馁到放弃梦想。但一个没有真实反馈的梦想往往只是假想。一个无法经受住诚实批评的梦想，很可能是一个永远无法实现的梦想。

在我职业生涯初期，我不会问别人的意见，这一点使我感到惭愧。像很多二十多岁的人一样，我想我知道得更多，但结果是我没有实现我早期的许多梦想。然而，当我开始成为一个更好的领导者，我渴望实现我的梦想，我的自信增加了，我开始问别人很多问题，效果出人意料，我开始成长和进步。

如果你不知道自己的缺点，何谈改正它们！例如，在我第一次公开演讲时，我表现得不太好。我准备充分，也很努力，但我的演讲没有产生效果。经过一段时间的挫败之后，我开始谦卑地向优秀的沟通者请教。他们经常告诉我一些我不想听的事，但我需要去倾听和学习。我学会关注那些触动我内心的敏感的事情，通常这些事情就是我需要改进的；最让我心烦意乱或者最让我抗拒的事情通常是我最需要做的。如果花些时间思考别人告诉我的事情并寻求改进，我通常会有很大的进步。

作者斯蒂芬·科维观察到：“保持谦虚才能寻求反馈。拥有智慧才能理解它、分析它并采取适当行动。”只有保持谦虚，你才会对别人提供诚实反馈的勇气表示赞赏。如果你寻求建议并表示赞

保持谦虚才能寻求反馈。拥有智慧才能理解它、分析它并采取适当行动。
——斯蒂芬·科维

赏，你会向他人传递出一个信息：你成长、进步的欲望比你的自我更强烈，你乐于接受那些会帮助你继续提高的积极的建议。

如果你想让别人参与你的梦想并因其受益，请征求他们的意见。学会询问，然后倾听，会对你产生立竿见影的效果。

我的梦之队包括那些技能与我互补的人

你不是万能的，我也不是。成功的人会向那些其他领域杰出的人寻求帮助。我的大多数团队成员在天赋上与我大不相同。我们的团队可能具有相同的价值观、愿景和关注点，但每个成员在技能和气质方面都有所不同。因为每个人都是独立的个体，或多或少都有自身的局限，而当我们团结一心时，我们有机会去实现更多的目标。我们互相弥补、互相完善。

你的团队需要什么样的人，取决于你的特殊能力、经验和气质。想想你实现梦想的策略。实现梦想必须做些什么？哪一件最符合你的能力？哪些需要其他领域的人的帮助？需要哪些领域的技能？哪些任务要求你获得不同性格的人的帮助？

仅靠自己，不可能成功。成功的人需要从别人那里得到帮助，不管他们承认与否。明白这个事实后，你就可以承认你的确需要帮助并开始寻求帮助。这是取得成功的关键一步。下一步是招募那些人，让他们愿意和你一起踏上通往梦想的旅程。

招募团队，传递愿景

我遇到过很多有远大梦想却最终没有实现梦想的人，因为他们无法让别人看到并接受他们的愿景。他们相信，如果梦想是有价值的，成队的人会被吸引。但这样招募团队成员是行不通的。落入这个陷阱的人可能是有远见的，可能是勤劳的，可能有宏大的计划，但如果他们学不会如何将愿景传递给他人，他们就不会成功。他们就像罗马尼亚一个流传的诅咒所说："愿你有一个绝妙的主意，你知道这是对的，却无法说服别人。"

作家、评论家约翰·拉斯金了解沟通愿景的影响及其面临的挑战。他曾写道："人类所能做的最了不起的事就是，看到了什么，便如实地说出来。千百个善谈的人不如一个思考的人，而千万个思考的人才能比得上一个洞察者。洞察之道是诗歌、预言和宗教的艺术结合。"

显然，沟通能力对于梦想的传递非常重要。不仅如此，梦想还需要信任和信念。优秀的沟通者可以进行愿景投射，而只有那些怀揣梦想并努力实现梦想的人才能完成梦想的投射。只有当你确信梦想的重要意义时，才能说服别人相信。这是一个由恰当的人向恰当的受众，传递正确的观念的过程。心理学家、作家、演讲者莱瑞·克莱布描述了这种融合，他说："我们传递给别人的愿景，当它与每个人的灵魂合二为一时，它就有了力量。”这种力量可以说服人们加入你的行列，追求你的梦想，大大增加了你成功的概率。

那么，如何传递梦想的愿景，并用其产生的能量来实现梦想呢？想要与人沟通并有效地将他们与你的梦想联系起来，你需要用一种符合逻辑的、情感的和可视化的方式。

从逻辑上传达梦想

人们不相信的东西，他们也不会接受。你有逻辑地表达自己的梦想是获得人们信任的第一步。如果你不通过这第一道门，你就无法继续前行。那要怎么做到这一点呢？首先，通过传达对当前形势的现实认知。每次你向人们传达愿景时，怀疑论者首先会问：“那又如何呢？”如果没有大声问出来，他们也通常会自言自语。他们会一直问，直到你解决了他们所有的问题。

你需要证明你至少和他们一样了解现实。这就要求你在分享你的梦想时非常彻底，不要为了传达任何可能的好处而试图掩盖任何现实。请记住，迈克·海特在托马斯·尼尔森公司向别人传达他的梦想时，就坦陈了所有的现实，让大家明白他知道一切有多糟糕。

当你合乎逻辑地传递愿景后，你需要做的第二件事是提供一个合理的策略。一个好的策略总是把梦想分解成可管理的若干部分。如果一个梦想看起来太大，无法实现，人们就会变得气馁，便很快失去兴趣。把伟大的梦想分解成更小的部分，再将这些更小的部分分配给不同的优秀的人，梦想似乎更容易实现，每个参与的人也会有一种更强烈的个人归属感和参与感。

有效地传达所有信息是一门真正的艺术，同时，我们也要避免过于纠结细节。为了让大多数人来了解你的愿景，你必须传达足够的信息，但不要说得太过以至失去了他们。这需要技巧和实践。但为了成功传递愿景，你必须付出努力。

从情感上传达梦想

当你能合乎逻辑地表达你的梦想时，人们往往就不会那么抵制它了。但这并不代表他们会主动接受。为了让他们和你的梦想联系起来，你需要在情感上和他们建立联系。人们感觉不到的东西，他们也不太会相信。以下是你在情感层面将人们与你的梦想联系起来的方法：

从他们的角度向他们展示梦想。据说，伟大的哲学家、诗人拉尔夫·沃尔多·爱默生和他的儿子在试图把一头小牛拉到他们的谷仓里时，折腾得筋疲力尽。他们浑身是汗，死死拽住绳子的末端，他们已经准备好放弃了。当一个爱尔兰女仆走过来时，女仆走到小牛犊跟前，把手指伸进小牛犊的嘴里，小牛犊或许把这种感觉和它的母亲联系起来，然后平静地跟着女仆走进了谷仓。

人和小牛一样。你可以推他们，你可以戳他们，但他们的行为可能永远不会如你所愿。但如果让他们觉得自己会受益，他们就很可能跟着你继续走下去。人们做事的出发点都是自己，而不是任何其他人。他们的理由几乎总是和他们的情绪联系在一起。

我喜欢迈克尔·法拉第（第一台发电机的发明者）向英国政府要员威廉·尤尔特·格拉斯顿展示他的新设备的故事。为了得到政府的支持，法拉第展示了一个粗糙的模型——一根缠绕在磁铁上的金属丝。格拉斯顿并没有表现出太大兴趣。

“有什么好处？”政治家问法拉第。

“总有一天你会就此征税的。”科学家回答说。法拉第本可以解释它的物理原理以及实际应用，但他迎合了这位政治家的利益。

我不知道这个故事是不是真的，但它告诉了我们一个道理。如果你想赢得人们对你的梦想的支持，你需要用他们感兴趣的语言，而不是你自己的语言。

向他们展示你的内心。在你与他人分享梦想时，人们想知道自己可以获取什么好处，同时也想知道梦想对你的意义。人们会先接纳你这个人，进而接纳你的梦想。要在情感上传递梦想，你需要让人们看到你的内心和你的希望。分享你的内心，讲述你的故事，分享你对梦想的希望以及它将如何影响未来。

你也许能在几分钟内传达你的想法，但要花很长时间才能让人们相信你的梦想。你需要耐心，等待他们真正与你的梦想相

人们会先接纳你这个人，进而接纳你的梦想。

拥，这并不是懦弱的表现，而是智慧的象征。所谓力量不在于遥遥领先，而在于适应其他人较慢的步伐，同时引领他们。如果我们跑得太远，我们就失去了影响力。

营销专家说，人们通常需要听七遍才能接受一个想法，并把它当成自己的想法。但这种过程所需的时间因人而异，大体是这样的：

10%的人是赞成者；

70%的人是中立者；

20%的人是反对者。

把争取赞成者和等待中立者作为你的目标。如果你能很好地传达你的内心想法，那就真诚地坚持下去，等待时机成熟，你的梦想就会获得人们的信任，并且从一个好想法变成一个好梦想。当你准备好前进时，依靠这80%的人去实现梦想，尽力把反对者忘掉就行了。

给他们展示利益。作家、社会评论员斯特兹·特克尔观察到：“我想我们大多数人都在寻找使命感，而不只是一份工作。我们大多数人，像流水线工人一样，从事着一份对我们心灵来说微不足道的工作。工作对人们来说不够远大。”

伟大的梦想惠及每一个人。你的工作是帮助人们看到那些好处。你需要帮助他们找到实现个人成长、体验成就感和提高自信的机会。你需要向他们展示所有加入你的团队的理由。如果你不能提供足够的正当理由说服他们加入你的团队，那么一开始就没有必要试图招募他们。

从视觉上传达梦想

当你帮助人们从逻辑上理解你的梦想并从情感上与之联系起来之后，传达梦想的最后一步就是将梦想真实地呈现给他们。你需要将梦想投射到实际生活中。为什么？因为人们不会相信看不到的东西。

小说家列夫·托尔斯泰说：“我们既不应该展示生活的本来面目，也不应该展示生活的应该面目，只应该展示我们在梦中看到的生活。”我们可以通过语言、照片、电影或音乐来做到这一点，但最令人信服的就是我们试图传达的愿景。

老实说，人们可能不会心甘情愿地拥抱一个伟大的梦想。即使是那些说渴望梦想的人，也往往并不真正想要梦想，他们只想要梦想的结果。看看所有关于减肥和减肥产品的广告，人们看到前后对比的照片，他们想要的往往是“之后”。 他们对到达目的地之前的过程并不感兴趣。如果感兴趣的话，就不会有那么多肥胖的人了。然而，只要我们为梦想而奋斗，秉持诚实正直的态

> **我们既不应该展示生活的本来面目，也不应该展示生活的应该面目，只应该展示我们在梦中看到的生活。**
>
> **——列夫·托尔斯泰**

度，并取得了一定程度的成功，人们就会看到梦想带来的一切，然后他们也会想要去实现这个梦想。如果你尽一切努力实现你的梦想，你就会成为梦想的活广告，没什么比这更能吸引别人加入你的团队中了。

如果你成功地传达了梦想，你就能想到接下来的事：人们会欣然成为团队的一员；他们会互相帮助，并为你效劳；他们将通过贡献自己的创造力为团队增值；他们将各自承担职责，完成事情。如果你做好了传递愿景的工作，人们最终会加入你的梦想。但为了达到这一点，你必须一直坚持下去。更棒的是，团队不仅能助你实现梦想，还能使梦想进一步发展，变得更远大、更美好。当这种情况发生时，梦想将远高于你或团队。

我想起曾有一支球队通过借鉴我的一位偶像约翰·伍登（加州大学洛杉矶分校篮球队的前教练）的经验来实现梦想。伍登教练说：

在我执教的这几年以及此后的每一年，我都尽量避免把加州大学洛杉矶分校棕熊队称为“我的球队”，或者把里面的个人称为“我的球员”。我在印第安纳州立师范学院和南本德中心高中的校队教练也遵循同样的政策。

当被问到："你是怎么赢的，教练？"我会纠正记者说："我没有赢得比赛，是球员们赢得了比赛。我们队的得分超过了对手。"

这可能是个小问题，但对我来说很重要，因为它反映了我的想法，即团队是由成员"拥有"的。加州大学洛杉矶分校棕熊队不是我的团队，是我们的团队。

我虽然是团队的主教练，但我只是团队中的一员，成员们享有团队的共同所有权。

伍登教练把他的正直和卓越的梦想传递给了每一个同他打篮球的人。他通过为球员们所做的事情给出合乎逻辑的理由，帮助他们从情感上与梦想建立联系，并通过每日从视觉上呈现梦想来实现这一目标。在接受他的愿景和梦想的同时，这些球员也实现了自己的许多梦想。

梦想投射

多年来，我一直在研究伟大的领导者和交际者，以了解他们如何分享自己的梦想并邀请人们加入。在这方面，没人比温斯顿·丘吉尔做得更好。一位参加了诺曼底登陆战役的美国退伍军人描述说，在对纳粹发动进攻之前，他与丘吉尔见过面。退伍军人说那场战役是他一生中最可怕的经历。“事实上，”他说，“如果不是在我们横渡英吉利海峡之前，上面视察了这里，我想我们中有些人是做不到现在所做的一切的。”

那次访问是丘吉尔主动发起的，就在他们去诺曼底海滩的前几个小时。丘吉尔坐吉普车赶来，他下车和部队待在一起。老兵回忆说：“他和我们握手，甚至拥抱了我们中的一些人。他讲述了自己的战时经历，也认同我们的情感。然后，他在吉普车里站起来发表了五分钟的演讲。他一直含着眼泪说话。”丘吉尔知道如此多的年轻人即将参战并面临死亡，他说：

我亲爱的战士们，我知道你们此刻很害怕。我记得我当兵的时候也很害怕。那些年，我有幸在黑暗的日子里保卫我的国家，那时我们不知道是否能完成我们被赋予的任务。但此刻，机会就在你们手中。我们希望你能抓住这个机会，完成你所要做的一切。自由世界的命运就在你的肩上。愿这是你最美好的时刻。

“不用说，”老兵说，“我们这群受惊的士兵立即变成了随时准备迎战任何人的勇士。”

丘吉尔每次讲话都激励着听众。他满怀激情、真诚的演讲，将他与人们在逻辑和情感上紧紧地联系在了一起。他犹如一个有技巧的语言大师，用语言向人们描绘了生动的景象（例如，他创

梦想的大小决定了被它吸引的人才的水平。

造了“铁幕”一词）。如果你能向丘吉尔这样的传达者学习，并以他们为榜样，人们就会理解你的愿景并与你建立联系。如果你坚持按你说的去做，你将不断为你的梦想吸引、招募同伴。

只有团队才能实现梦想

对于人的问题，你的回答是什么？你有实现梦想所需要的人才吗？我们无法仅靠自己实现梦想，我们要互相依赖。正如爵士音乐家乔治·亚当斯所说：“我们是由成千上万的人塑造而成的。每一个曾经为我们做过一件好事，或对我们说过一句鼓励话语的人，都对我们的性格、思想和成功产生了莫大的影响。”

我不知道你的梦想是什么。我不知道你想要实现什么，也不知道你需要谁的帮助才能梦想成真。你可能只需要另一个人的鼓励和关心来助你继续前进，或者你可能需要一支军队。不管你的处境如何，我可以告诉你，你确实需要别人。梦想越大，你的需要就越大。好消息是：梦想的大小决定了被它吸引的人才的水平。如果你有一个很远大的梦想，你就更有可能找到更优秀的人来帮助你。你需要做的是和他们建立联系，邀请他们加入你的团队，传达愿景，然后让他们行动。

关于人的问题：我是否已经招募到实现梦想所需的人

你的回答是肯定的吗？

为了实现梦想，你需要一直招募成员来助你一臂之力。即使那些已经努力了很久的人也需要继续努力。为什么？因为梦想是一个可变化的目标。环境会不断变化，所以你的短期目标也会不断变化。随着你的成长，你的个人需求也会不断变化。而现实是人们来了又走，很少有人能伴你直到旅程的结束。

你需要问问自己，你目前的团队要包含哪些人？列一个清单，包括同事、导师、圈内成员、关键员工、直系亲属、密友等。

接下来，将如下这四类列入我在本章提到的第三类中：

激励我的人。

对我诚实的人。

技能与我互补的人。

不属于其他类别的人。

现在，衡量一下他们的贡献。他们对你有什么影响？首先，影响是积极的还是消极的？在每个人的名字旁边加上加号或减号。然后给这个影响一个值，从-10到+10。

具体分数的含义如下：

+6到10　能帮助你实现梦想的人——让他留在你的梦之队。

0到+5　可能不会为你的梦想做出贡献的人。

−10到−1　实际上会阻碍你实现梦想的人——把那个人从你的团队中除名。

当你回顾清单时，你可能会发现第一类人太少了。没关系。从此刻起，开始改变就可以了。开始招募你的团队成员吧！

第七章

代价问题：我是否愿意为梦想付出代价

The Cost Question: Am I Willing to Pay the Price for My Dream?

永远记住，即使在字典里，努力和奋斗也是先于成功的。

——萨拉·班恩·布雷斯纳克

梦想是个人的。为实现这些目标必须做出的牺牲也是如此。大多数人不愿意思考代价问题：我是否愿意为梦想付出代价？他们回避问题、回避代价，不经意间也就回避了梦想。

世界上没有谁不付出代价就实现了梦想。有些人以生命或自由为代价，有些人以放弃选择权、财富或关系为代价。我有一个朋友学会了用摩托车来计算代价。

梦想的代价

他叫凯文·麦尔斯，是佐治亚州劳伦斯维尔十二石教堂的高级牧师。凯文十六岁时就决心当一名牧师。他从小就对摩托车很着迷，他在十几岁时买了第一辆便宜的二手摩托车。尽管他还有其他的车，他也喜欢骑，但他从来没有拥有过那种他梦寐以求的摩托车。

凯文一生致力于牧师工作，但他是一个非常有创业精神的人。从十几岁起，他就梦想着白手起家，把教堂建成一个能对社会产生影响、能为成千上万人服务的组织。1987年，当他二十六岁时，他从密歇根州搬到佐治亚州，并创办了一个教会，这个教会是为了那些他称之为“陷入精神困境的人”而创办的。为此他做出了牺牲，那就是远离朋友和家人，放弃了一份不错的教会职员工作，也陷入了经济不稳定的境地。他愿意为他的梦想付出代价。但最终他付出的代价远远超出了他的预期。

他原以为教会很快就可以成功吸引到二百五十个教众，一个规模不小的教堂能够维持自己的财务支出。然而，教堂却陷入了困境。一开始只有不到一百人，六年来一直保持这样的规模。没过多久教会就没什么钱了。这也耗尽了凯文和他妻子玛西娅之前为买房子而预留的钱，以及他们的个人储蓄。他们没钱买医疗保险，但在那之后，他们的一个孩子生病了。医药费堆积如山，他们债台高筑。凯文一边打零工，一边做建筑工程，努力维持生计。看起来，他的梦想似乎已经破灭了。

这一切已经远远超出了凯文的承受能力。所以他回到密歇根，从以前老板那里寻求一份他做过的工作。但他的前任老板鼓励他再坚持一段时间，继续朝着自己的梦想努力。在继续努力与放弃之间，凯文度过了一段痛苦纠结的岁月。

走出谷底

在创办教会的第七年，情况终于开始好转。他的小教会开始成长。一开始，教会就在租用的地方举行会议。凯文认为这种适度的增长是教会冒险的一个机会：他们会买地建第一栋楼。这并不容易，但人们相信自己的所作所为并为此做出牺牲。大楼一建起，教会就更大了。

大约在同一时间，凯文有机会实现他的另一个梦想。凯文母亲去世后留下了一笔钱，凯文得以用这笔钱买了第一辆真正的街头摩托。这是他二十年来一直想要的东西。它代表着他的自由。当遭受巨大的领导层压力时，他会骑车去散心。每年夏天他也会在蓝岭山道上进行一次长时间的旅行。他感到异常兴奋。除此之外，每次他发动摩托车时，都会想起母亲——这是对她一生的纪念，也是她对他的爱。

教会搬进新大楼后不久，地方就不够用了。凯文开始寻找新的用以建造一个更大教会的区域。建造第一座大楼冒了很大的风险，建造一个更大的大楼同样很难。下一阶段的发展需要四百万美元。凯文知道筹钱会很困难。他也知道这会让他自己付出代价。凯文说：

作为领导者，在坦承现实、进行反思时，我知道，如果不能做出更多的牺牲，我们就无法实现梦想。三个月来，对于实现这个阶段的梦想所要付出的个人代价，我倍感煎熬。我一无所有，除了这辆摩托车。对大多数人来说，这似乎不算什么。但它对我来说有着灵魂层面的意义。

做这个决定很痛苦、很纠结。多年来，我压抑了自己对家庭的许多渴望与希冀。现在，如果要步入梦想的下一阶段，我需要对自己提出更高的要求。我仍记得我为了更大的梦想而决定签署出售我最爱的摩托车合约时的情形，这种个人牺牲是那么的深刻。但更重要的是，我记得它是如何定义了我的灵魂。我现在比以往任何时候都更投入我的梦想。这是一场史诗般的追逐梦想的过程，只有以个人欲望为代价，它才能向前推进。对我来说，这是一个领导力的突破。

凯文没有和别人分享他当时内心的混乱，但他确实公开了他出售摩托车的事实。当他这样做的时候，人们似乎突然明白，梦想是会让你付出代价的。

教会最终筹集到了足够的资金来建造新的大楼。后来随着会众的增多，教会的规模也随之扩大。这种发展还在继续，很快他们就会步入梦想的下一阶段，然后依旧需要做出相应的牺牲。

拥有梦想，敢于牺牲

2008年1月，凯文的教会新增了一处占地六十九英亩，涵盖十一万平方英尺的大楼，拥有两千六百个礼堂座位。目前周末出勤人数超过六千人。他们不仅影响到他们所在的社区，而且也在为世界其他地区的人们服务。凯文和他的会众们一直在为他们的梦想付出代价。每次当他们达到一个更高的层次，他们就会付出更多的代价。但当时出售摩托车的感受总是留存在凯文心中。他注意到：

每一个人的梦想之旅不尽相同，因此，为此必须付出的代价也因人而异。

那时，我发现梦想和单纯的欲望之间是有区别的。在我十几岁、二十几岁时，我认为它们是一回事。但当你步入梦想的更深层次时，你必须付出更大的代价。而做抉择也会更难。你会意识到为了有机会实现梦想，放弃一些欲望是必须要付出的代价。

有人说他们同时拥有梦想和欲望，我对此表示怀疑。他们真正拥有的只是自己的欲望。更可能的是，他们曾经有过一个梦想，却把它变成了一个小而自私的东西。我坚信，为了梦想你必须愿意牺牲欲望。我不知道是否所有真正的梦想都是这样。如果是的话，那么比起大多数人的设想，追求梦想要更加危险和刺激。但这是一场伟大的追求！只要曾经为梦想努力奋斗过，最后几乎都不会有所遗憾。

凯文拥有许多梦想，所以他也面临着许多挑战。也正因为如此，他仍需继续付出代价。但多亏了当年那辆摩托车，使他明白为了梦想，他必须甘愿做出牺牲。

你愿意做出哪些牺牲

那你呢？关于代价你学到了什么？你如何回答代价问题：

但在某个时刻，你必须从仅仅相信梦想到转而思考如何付出代价去实现梦想。不付出代价，梦想就不会成真。

我是否愿意为梦想付出代价？正如我所说，每一个人的梦想之旅不尽相同，因此，为此必须付出的代价也因人而异。我没法和你坐在一起，面对面地问问你的梦想，也就没法对你的梦想的代价问题给出具体建议。但是我可以告诉你一些适用于每个逐梦旅程的建议。

梦想是自由的，但过程不是

最近，我和朋友柯林·西维尔就梦想进行了一次谈话。他说，一开始，所有的梦想都是无障碍的。的确如此，不是吗？当你第一次想到梦想时，它很有趣。不是吗？你看到了所有的可能性。你想象到所有的潜力。它令你兴奋。在那个阶段，你很少考虑代价。但在某个时刻，你必须从仅仅相信梦想到转而思考如何付出代价去实现梦想。不付出代价，梦想就不会成真。

如果想实现梦想，你必须愿意付出更多，而不仅仅是想象结果。你必须心甘情愿地付出代价才能继续前进。这就是为什么，相信梦想的人很多，付出代价去实现梦想的人却很少。

付出代价的时间远比你想象的早

我想大多数人已经意识到，实现自己的梦想需要付出一些代

相信梦想的人很多，付出代价去实现梦想的人却很少。

价。他们有一个模糊的概念，总有一天他们会付出代价。但他们没有意识到他们付出代价的时间可能远比他们想象的要早。如果你已经开始追求你的梦想，那么你应该明白我的话。只要你开始追求梦想，代价就开始成为你必须要考虑的问题。为什么？因为梦想会制造冲突和危机。

当你告诉别人你的梦想并试图朝它前进时，一些问题就开始浮出水面。面对现实就像冷水打在脸上。从来没想过会这样残酷，所以很多人灰心了。一些人搁置了梦想，一些人则完全放弃了梦想。

我经常听到一些中年人表达自己的遗憾，因为他们放弃了早年的梦想：一个没有被追求的事业，一个没有被发现的机会，一段枯萎和死去的关系。几十年后，他们又开始思考这个问题。对有些人来说，为时已晚。他们无论如何也不能实现自己的梦想。对有些人来说，梦想仍然是可能的，但代价也变得更高了。

梦想犹如金钱。买入和投资越早，随着时间的推移，收益就越多。例如，在金融领域，假设你从二十五岁开始的十年中每年投资1000美元（总投资10000美元），到六十五岁，你将拥有112537美元。然而，如果你从三十五岁开始每年投资1000美元，并持续投资三十年（总投资30000美元），那么在六十五岁时，你只有101073美元。同样，如果你在人生早期就开始为你的梦想

在我和成功人士的谈话中，我从来没有听过这样的话："达到顶峰比我想象的要容易得多。"

付出代价，也就增加了获得良好投资回报的机会。你也许可以避免喜剧演员、政治评论员艾尔·弗兰肯指出的问题，他引用了一句古老格言："没有人会在临终时说，'要是我这辈子多花点时间在办公室里就好了。'"他评论说："他怎么知道的？我敢打赌，有人在临终前说过，'我要是二三十岁时多花点时间在办公室里就好了，那样我就会有更好的生活了。'"

如果过去你没有为梦想努力，那这已经是无法改变的事实。但你可以决定是否现在为梦想做出牺牲。如果你真的想实现你的梦想，而不仅仅是想象它，那么立马开始投资吧。开始的时间越晚，回报越低，但也不要因此心灰意冷。试想一下：如果你不投资，会有回报吗？与其完全错失良机，日后后悔，不如实现部分梦想。

代价会比你预期的要高

所有的梦想都需要付出代价，而且代价几乎总是高于每个人的预期。在我和成功人士的谈话中，我从来没有听过这样的话："达到顶峰比我想象的要容易得多。"我认识的每个实现梦想的人都经历过一段艰难的奋斗岁月。

几年前，我在旅行中学会了搭车的一条原则：上车前先弄清费用。搭车可以问清价格，但在实现梦想时是行不通的。你永远无法事先知道你需要付出的全部代价。只有当你踏上逐梦旅程，你才能发现代价是什么。对于凯文·麦尔斯来说，也是如此，他知道他需要付出代价，但代价比他预期的要高得多。尽管他认为追求梦想是值得付出代价的。

曾饰演“鳄鱼邓迪”的演员保罗·霍根被问及成功的秘诀时，他的回答是：“我成功的秘诀在于我愿意付出代价，并且付出代价越早、越多，就越容易实现我的梦想。”梦想来之不易。梦想越远大，付出的代价就越高。但只要坚持为之做出牺牲，你就很有可能实现你的梦想。

你会多次付出代价

这个事实也许会让你大吃一惊，但你不可能一次就得到回报，或实现你的梦想。你得一次又一次地为梦想付出代价。当我明白这一点时，我也很惊讶。在我年轻时，我认为实现梦想就像去游乐园，你只需要一次性支付门票，然后就可以享受里面的各种娱乐设施。不幸的是，梦想并非如此。

用一句话来描述这一过程：“你必须学会放弃，才能奋勇而上。”每当我面对做出牺牲或意识到还要付出其他的代价时，我都会提醒自己，要想走得更高，我必须学会放弃。

追逐梦想就像爬山。如果我们负重太多，就永远无法登上顶峰。每攀登到一个新高度时，我们都会面临一个抉择：要携带更多的东西吗？或者放下那些不能助我们攀爬的东西？用我们拥有的东西交换其他东西，还是干脆停止攀爬？大多数人在追求梦想的道路上尝试携带太多东西。然而，成功人士为了走得更高、更远，往往会放下或与别人交换一些东西。

经过四十多年的奋斗，我终于意识到，实现梦想所需的付出从未停止过。只有你坚持付出代价，梦想之旅才会继续。你想攀登得越高，你需要放弃的东西就越多。你付出的代价越大，当你最终实现梦想时，你感受到的快乐也就越大。投资越多，情感回报越大。

实现梦想可能需要你付出巨大的代价

我知道每个梦想都需要付出代价，但我不认为你应该为实现梦想而付出任何代价。有些代价实在太高了。例如，我看到人们为了追求梦想而牺牲自己的价值观，牺牲自己的家庭，甚至是自己的健康。这些是我不愿付出的代价。

如果你毁了你的健康或牺牲了你的家庭，即使你实现了梦想，那你也无法享受它。如果你违背了自己的价值观，你就伤害了自己的灵魂。你不能让你的梦想支配你的价值观。相反，你的价值观应该支配你的梦想。如果梦想和价值观之间失去了平衡，梦想开始控制你的价值观，那么你将付出巨大的代价。

为了实现梦想，哪些是你认为太高而不愿付出的代价？我建议你把那些你不惜一切代价要保护的东西列在清单上，然后使清单尽量简短。太长的清单可能会阻碍你实现梦想。只专注于必不

不管你决定前往什么方向，总会有人告诉你你错了。总有一些困难会使你相信那些批评你的人是对的。制订一个行动方案并将其贯彻到底需要勇气。

——拉尔夫·瓦尔多·爱默生

可少的东西，然后做好准备，做好放弃一切其他东西的准备。

你需要付出这些代价

前文我说过每一个梦想都是因人而异的，因此，付出的代价也是因人而异的。虽然事实的确如此，但我也发现，对于所有追求梦想的人来说，一些代价是常见的。我相信每个人都必须至少就以下三个方面付出代价才能成功。

处理重要人物的批评

哲学家、诗人拉尔夫·瓦尔多·爱默生谈到了勇往直前的必要条件："不管你决定前往什么方向，总会有人告诉你你错了。总有一些困难会使你相信那些批评你的人是对的。制订一个行动方案并将其贯彻到底需要勇气。"

每个追求梦想的人都会受到批评。如果你脸皮够厚，大部分的批评可能对你没有影响。你必须学会忽视它，就像职业运动员一样，他们一直在面对、处理批评。例如，据说每个棒球队都可以找到一个知道如何打好每个位置，从不会被三振出局，从不犯错的人。唯一的问题是很难让他放下手中刚买的德希臣热狗，然后走出看台。

我认为批评别人是人的本性。研制脊髓灰质炎疫苗的乔纳斯·索尔克说：“首先人们会告诉你你错了，然后他们会告诉你你是对的，但是你所做的并不重要；最后，他们会承认你是对的，你的所作所为非常重要；但其实，他们一直都知道这一点。”

真正伤害你的是那些对你重要的人的批评。当你的梦想被你所敬仰、爱戴和尊敬的人批评时，确实很糟糕。但如果你想实现梦想，你必须学会如何付出代价。第一位登上珠穆朗玛峰的美国妇女史黛西·艾莉森说：“生活中，有时你不得不决定何时忽略别人的话。如果我听从别人的话，我就不会登上珠穆朗玛峰了。”

那么，你什么时候应该倾听，什么时候应该忽略别人的话呢？哪些批评很重要，哪些是在胡说八道呢？基于此，我有一些建议。当遇到如下情况时，请听从那些批评你的人的建议：

批评你的人无条件地爱你。

批评并非来自于他/她的个人目的。

那个人不是天生对每件事都挑剔。

提出建议后，那个人将继续给予支持。

他/她在提出批评的方面既有知识又有成就。

面对批评只是你实现梦想必须付出的代价之一，你不能让它影响到你。作家马克斯·陆卡杜在他的《大山可以挪开》一书中就提到了这一点。他引用《马可福音》第五章第三十六节的经文“但耶稣不理会他们所说的”。然后继续说：

我喜欢这句话！它描述了发现未知事物的关键原则：忽略人们所说的话。把它们挡在外面。把它们关掉。关上你的耳朵。必要时，转身离开。

忽略那些说现在重新开始为时已晚的人。

不要理会那些说你什么都做不了的人。

对那些说你不够聪明、不够快、不够高或不够强大的人充耳不闻——忽略他们。

信仰有时是从用棉花塞住耳朵开始的。

耶稣就对睚鲁说：“不要害怕，只要相信。”

耶稣强迫睚鲁看见未知世界。当耶稣说“只要相信”时，他在恳求众生：“不要把你的可能性限制在你眼前。不要只听声音。不要被逻辑控制。相信生活中有比眼前更多的东西！”

即使在别人表达怀疑和批评时，那些不断追求梦想的人也总是相信，有很多东西是未知的。这是让他们坚持下去的原因之一。

所有梦想都产生于我们的舒适区之外。
跨出舒适区是我们必须付出的代价。

克服恐惧

你是否想过驯兽师是如何控制一只五吨的大象并防止它逃跑的？他们是通过控制动物的思维来做到这一点。训练小象时，先在它腿上缠上一根绳子，然后将绳子绑在地上固定的木桩上。那时的小象还不是很强壮，它不断拉扯绳子，都不能将绳子拉断或拉起柱子，最终它放弃了。从那以后，当大象的腿被固定住时，它就相信自己逃不掉了——即使它完全有能力逃跑，或者即使很长时间后，它仍记得自己曾经的挣扎。这就是人们说“大象永远不会忘记”的原因之一。

人们也是如此。思维限制了人们，就像绳子限制了大象一样。这通常是因为害怕。事实上，恐惧可以偷走你的梦想：你可能害怕失败，你可能害怕被拒绝，你也许不想让自己出丑，你可能害怕尝试，因为你相信你不会成功。如果你屈服于这些想法，并相信你不能实现梦想，那么你说对了，也因此确实无法实现梦想。但好消息是：恐惧在生活中是一种普遍现象，它是可以克服的。

当然，并非所有的恐惧都是坏事。恐惧可以预示危险。我们与现实相关的恐惧可以帮助我们。但当恐惧是非理性的或与危险不成比例时，它会伤害我们。它会阻止我们做那些力所能及的事情，阻碍我们成为一个必须实现梦想的人。

把你的舒适区想象成你生活的监狱——一个由你自建的监狱。它包含了一系列不可能、必须、禁止和其他没有根据的信念，这些信念是由你一生中积累和强化的所有消极思想和决定形成的。

——杰克·坎菲尔

时任美国卫生局局长西·埃弗里特·库普说：“人们对危险的东西有不恰当的认识。”他们所害怕的往往与现实毫无关系。例如，人们害怕飞行，但他们更可能因食物窒息而死，而不是死于商用飞机。人们害怕被陌生人刺死，但他们在运动中丧生的可能性是被陌生人刺死的两倍。他们害怕被鲨鱼咬死，但猪圈里的猪咬死的人更多。人们害怕在医疗过程中死亡，但他们死于车祸的可能性是死于医疗并发症的十六倍。

所有梦想都产生于我们的舒适区之外。跨出舒适区是我们必须付出的代价。在《就是要成功：为成功改变自己》一书中杰克·坎菲尔写道：“把你的舒适区想象成你生活的监狱——一个由你自建的监狱。它包含了一系列不可能、必须、禁止和其他没有根据的信念，这些信念是由你一生中积累和强化的所有消极思想和决定形成的。”每一种恐惧都像监狱门上的一道栅栏。但好消息是，因为恐惧是一种感觉，所以错误的恐惧可以被消除，我们可以从恐惧中解脱出来。但我们要付出代价才能克服恐惧。

当然，有些恐惧是基于现实的。我们也需要处理这些恐惧。剧作家大卫·马梅写道：

1944年6月5日，数千名美国空降兵跳入诺曼底。其中四个人拒绝跳伞。你能想象，或者有人能想象这些人的余生吗？他们得动多少脑子才能完成对此的辩解或心理抑制？ 实际上，他们的生命在拒绝离开飞机的那一刻就结束了。正如那些拒绝随摩西进入红海的犹太人的生命，也正如你我，我们拒绝改变的机会，我们停滞不前，表现出越来越强大的压抑和虚伪。这就解释了为什么我们无法享受生活的奥妙。我们最终都会死去，但没有理由在途中死去。

你不想中途死去！没人想。事实上，每个人都必须以这种或那种方式付出代价。你可以听从你的恐惧，以你的生命为代价。或者你可以付出代价，克服恐惧，继续生活。这取决于你。

我希望你能体验到梦想的快乐，明白凯文·麦尔斯说的“比起恐惧，梦想对于大多数人来说更加危险和冒险，但这是一次伟大的奋斗历程”的意义。要做到这一点，你必须培养面对危险的勇气。为了你的梦想，你必须学会无所畏惧地生活。这可不容易。作家、历史学家迈克尔·伊格纳季耶夫评论：

无所畏惧和从不害怕是两码事。偶尔害怕是件好事。恐惧是

要100%比你的竞争对手优秀很难，
但你可以在100种情况下表现得更好。
——里奇·梅尔曼

一位伟大的老师。但如果你生活在恐惧中，让恐惧支配你的选择，让恐惧定义你是谁，那就糟糕了。无所畏惧的生活意味着勇敢面对恐惧，采取措施，拒绝让它塑造和定义你的生活；意味着敢于冒险，而不是恪守在安全区；意味着当你确定答案为肯定时，拒绝接受否定的答案；意味着拒绝接受低于你应得的，或者与你所拥有的权利、你付出的劳动和努力不成正比的东西。

无所畏惧地生活是一种选择。正是这种选择常常把那些为梦想付出代价并实现梦想的人和那些拒绝付出代价却失败的人区分开来。为什么？因为解决“代价”问题也需要勇气。你必须勇敢地为你的梦想付出代价。

努力工作

最近，我和丹佛一家公司的员工进行了一次交谈，其中一位名叫里奇·梅尔曼的与会者走到我面前，说了这句话：“要100%比你的竞争对手优秀很难，但你可以在100种情况下表现得更好。”这就是实现梦想所需的不屈不挠的态度。

让我们面对现实吧！除非你这样做，否则实现梦想是不可能的。对于成功，世上并没有可带你前往山顶的自动扶梯。你必须自己去攀登，这意味着努力工作。作家、财团商业专栏作家戴尔·道顿直截了当提出了以下建议："如果你想在你的公司、你的事业、你的生活中有创造力，只需要多迈出简单的一步。当你遇到一个熟悉的计划时，你只需问一个问题：我们还能做什么？"

不断努力才能实现梦想。要想成功，你必须做得更多——多于你想要的，多于你的竞争对手，多于你认为你所能做的。你必须遵守威廉·亚瑟·沃德的话：

我要做的不仅仅是听从——我要参与。
我要做的不仅仅是关心——我要助人。
我要做的不仅仅是相信——我要实践。
我要做的不仅仅是公平——我要友善。
我要做的不仅仅是原谅——我要忘记。
我要做的不仅仅是梦想——我要实干。
我要做的不仅仅是教导——我要激励。
我要做的不仅仅是挣钱——我要充实。
我要做的不仅仅是施与——我要效力。
我要做的不仅仅是生活——我要成长。
我要做的不仅仅是受苦——我要胜利。

你不能奢望做最容易的事情，还能实现梦想。你必须做得更多。你必须不惜一切代价。

尽管实现梦想需要付出巨大的代价，但回报是值得的。托马斯·潘恩在《美国危机》中写道："挑战愈艰巨，胜利愈辉煌。太容易到手的往往不被珍惜，只有付出艰辛得到的才具有价值。"

解决代价问题将区分犹疑与坚定这两种态度。放弃你爱的东西需要很大的勇气。为了实现梦想，你需要努力工作并具有奉献精神。即使你付出了代价，也无法保证一定可以实现梦想。但是，我敢保证，如果你不付出代价，你一定没有机会实现梦想。要想成功，你必须冒这个险。你必须敢于向现状发起挑战，走出你的舒适区。你必须做好付出代价的准备。

你愿意付出代价吗

特里·福克斯甘愿为梦想付出。1977年，他十九岁时，被诊断为骨癌。最终他的右腿被截肢。在恢复和接受化疗期间，他对罹患癌症的儿童数目感到震惊。受另一位纽约马拉松癌症幸存者的故事启发，福克斯开始借助假肢跑步。不久，他就梦想着做一些看似不可能的事情：跑步横穿加拿大，为癌症研究筹集资金。

他开始着手准备。他在十八个月的训练时间里跑了五千多公里。因为当时的假肢技术并不先进，所以他付出了代价：每次长跑后，他的残肢都会被囊肿和出血疮覆盖。然而他没有因此而放弃。

1980年4月12日，福克斯从纽芬兰省圣约翰斯附近的大西洋海岸开始了被称为“希望马拉松”的比赛。每天他要跑四十多公里。起初，他的行动并未引起人们的注意。五月初，当他跑到新斯科舍省时，只有极少人为他呐喊。六月初，情况大致相同。不过，他还是继续跑。当有人问他是如何在千里长跑中，依旧可以跑在别人前面时，他回答说：“我只是想继续跑到下一个电线杆而已。”

到六月底，有关他的事迹开始流传，捐款源源涌来。皮埃尔·特鲁多总理同他见了面。一首为了纪念福克斯的歌开始盛行。新闻机构也报道了他的长跑。

福克斯跑了一百四十三天，总计五千三百多公里。对于代价问题，很明显，他的答案是他愿意付出代价。1980年9月1日，由于癌细胞已快速蔓延到他的肺部，他不得不在安大略省的桑德贝湾停下脚步。

“人们认为我正在经历地狱，”福克斯说，“也许的确有点，但我仍在做我想做的事，我正在实现我的梦想。”

结束长跑后不久，福克斯在新闻发布会上说：“有多少人做了他们真正相信的事情？我只希望人们意识到，如果你尝试，任何事情都是有可能的。只要努力，梦想就会得以实现。”他想实现完成“希望马拉松”的梦想。事实上，当多伦多枫叶队的队员提出帮他完成时，他拒绝了。但他从未从癌症中康复，不到一年，他就去世了。

特里·福克斯不屈不挠的精神将永存。虽然他无法完成他的比赛，但他的梦想依然得到了实现。因为在他去世之后，为了纪念他的“希望马拉松”并继续为癌症研究筹集资金，每年都会举办特里·福克斯马拉松活动。1981年，三十多万加拿大人参与了第一次特里·福克斯义跑活动，共筹集资金三百多万元。即使到今天，每年世界各地依旧会举办“希望马拉松”活动。截至目前，通过特里·福克斯马拉松活动，全世界已经为癌症研究筹集了四亿多美元。

你愿意为你的梦想付出什么？你有勇气回答代价问题吗？你愿意像特里·福克斯那样无所畏惧地生活吗？即使你不确定是否可以实现梦想，你仍愿意付出代价吗？我希望你的回答是肯定的。

对于代价问题：我是否愿意为梦想付出代价

你的答案是肯定的吗？

你的梦想有何价值？如果你对代价问题的答案不确定，那你需要弄清楚这个问题。你需要计算代价。

首先，在你感兴趣的领域找一个有经验的人。让他或她给你一些信息和建议，告诉你在这个领域取得成功需要具备什么条件。接下来，花点时间思考以下问题，并写出你的答案：

我愿意为我的梦想付出多少？

我愿意什么时候付出代价？

我愿意多久付出一次？

我将如何面对批评？

我如何克服恐惧？

我愿意多努力工作？

我不愿意付出什么？（记住，有些代价太高了。）

别忘了：梦想越远大，代价越高。如果你不愿意付出梦想可能需要的代价，你需要改变你的梦想或改变你愿意付出的代价。

第八章

坚持问题：我是否正在向梦想迈进

The Tenacity Question Am I Moving Closer to My Dream?

怀揣梦想与实现梦想截然不同，如果我们自己不理解、不遵循这一事实，我们也不能以此鼓励别人……光有梦想是不够的……我们必须实现它。

——海·伊戈尔

规则1：再迈出一步。规则2：当你举步维艰时，参考规则1。

——杰克逊·布朗

《生活小指南》一书的作者杰克逊·布朗说，有两条关于坚持的法则：“规则1：再迈出一步。规则2：当你举步维艰时，参考规则1。”这就是实现梦想所需要的：即使你确信你不能做到，也要有向前一步的决心。那些实现梦想的人绝不放弃，他们知道，只要他们坚持每天有些小进步，他们就能提高成功的概率。他们能肯定地回答坚持问题——“我是否正在向梦想迈进？”

顽强的典范

研究领导者和企业家的生活，你会发现他们都有顽强的品质。尽管面对不利的环境、困难和不公，他们还是永不放弃。他们在一天天向梦想迈进。

最近，我读了伊丽莎白·克利夫的故事，她可谓是顽强的典范。1818年，她出生于弗吉尼亚，生而为奴，经历着苦难和被虐待的生活。她四岁的时候就被要求照顾一个婴儿，五岁时，她因为打翻婴儿摇篮被毒打了一顿。后来，她与父亲分开。她遭受了性虐待。而她的主人一再告诉她，她永远都不会有出息。从很小的时候起，她就痛苦地意识到那些生活在奴隶制中的人的困境。

她在自传中写道：

大约七岁的时候，我第一次目睹了一个人的买卖……主人刚买了用于过冬的猪，但他无法支付全部费用。为了摆脱窘迫，他觉得有必要卖掉一个奴隶。小乔，厨师的儿子，成了受害者。主人命令小乔的母亲给小乔穿上盛装，然后把他送到家里来。小乔带着一张明亮的脸庞走进来，被放在秤上，然后被像猪一样依据体重给卖了。他母亲对这笔交易一无所知，但她的怀疑引起了人们的注意。当她儿子乘马车去彼得斯堡的时候，她突然猜到了真相，她可怜地恳求主人不要把她的儿子从她身边带走。但是主人安慰她说，他只是乘马车进城了，明天早上就会回来。结果，小乔并没有像主人说的那样回到母亲身边。春去秋来，直至母亲死了，下了坟墓，也没有再见到她的孩子。她因丧子悲痛欲绝，有一日竟遭到了鞭打，因为他们的主人伯韦尔上校一点也不喜欢看到自己的奴隶整天愁眉苦脸。

克利夫的生活也很艰难，她把这描述为上了“苦难学校”。她被一个白人强奸后生了一个孩子。她经常被要求做三个人的工作。但她非常顽强，充分利用了她的机会。她学会了阅读和写作。她从六岁起就从母亲那里学会了裁缝的技巧。她培养了自己经商的头脑，并最终利用这一点改变了自己的生活。

自由的梦想

克利夫在农村长大。然而，当她服务的家庭搬到弗吉尼亚州的彼得斯堡时，发生了一些重要的事情。克利夫，那时二十多岁，发掘了自己成为企业家的潜力。彼得斯堡大约一半的人口是黑人，其中三分之一是自由的。她走遍了这座城市，发现许多自由黑人是单身女性，她们拥有财产并经营着自己的企业。克利夫看到了自己的可能性，因为那时她已经成长为一个水平高超的裁缝。

一个梦想在她心中生根发芽。在这之前，克利夫一直以来都是实用主义者，总是尽自己最大的努力做好一名奴隶，忍受虐待，努力工作，过着本分的生活。现在，她第一次觉得有一天自己也可能获得自由并创业。哈佛大学教授詹妮弗·弗莱施纳观察到："在这些中产阶级和工薪阶层的黑人妇女中，莉齐（伊丽莎白的昵称）看到像她这样的人摆脱奴役的可能。她的话语中开始流露出一种前所未有的自主，她的行动和思想从未像在彼得斯堡这样自由，她开始渴望更多的自由。"

当二十九岁的克利夫搬迁到密苏里州的圣路易斯时，她的梦想变得更加强烈。她所服务的家庭当时正举步维艰，为了挣钱，她不仅开始为那个家庭的妇女做衣服，还开始为镇上其他社会名流做衣服。

克利夫回忆说："我用针线连续两年零五个月供养了十七个人的生活。"越来越多独立自主的想法出现在她的脑海中。

当她向主人提出要购买自己的自由时，主人拒绝了，并命令她再也不要提这件事。但那时，自由的梦想已经对克利夫非常重要，所以她绝不会放弃。顽强的精神帮助她渡过了难关，她开始专注于为自己和儿子争取自由。

“每分每秒我都会为之奋斗，”克利夫说，“因为希望通向未来更自由、更光明的生活。”有一次，当她提起这个话题时，她的主人给了她一个银币，让她乘渡船去自由之州伊利诺伊州。他建议她逃跑。她拒绝了。

“依这儿的律法，我是你的奴仆，你是我的主人，”她对主人说，“我只有按律法所规定的方法才能获得自由。”最后，当这个家庭的经济状况陷入绝境时，她的主人终于松口，给出了一个购买自由的价格：1200美元。这在当时是一笔巨大的数额，大概相当于今天的25000美元。但这并没有吓倒克利夫。不管主人要多少钱，她都会想办法。对于一个有着顽强意志的人来说，没什么比梦想更重要。

起初，她打算去纽约请一个慈善组织借钱给她。但令她大吃一惊的是，那些曾经请她做衣服的女顾客们纷纷倾囊相助。

1855年11月13日，伊丽莎白·克利夫为儿子和她自己赢得了自由。在她的自传里，她说：

我终于凑齐了那1200美元，我和儿子终于自由了。自由！自由！多么光荣的一个词。自由！痛苦的内心挣扎终于结束了。自由！我的灵魂可以飞到天堂和上帝那里去，没有任何锁链可以阻止它。自由！地球看起来更明亮了，星星似乎都在欢快地歌唱。啊，自由！我在这严苛的社会法律制度下，以及上帝仁慈的微笑中，获得了自由！上帝保佑使我获得自由的人！

尽管帮助她的人们都将其钱财视为一份赠送给她的礼物，但克利夫坚持以贷款的形式接受这些钱。她在圣路易斯努力工作了五年，还清了所有贷款。

摆脱奴役，发展事业

自由只是克利夫的一个梦想，她的另一个梦想是成为一个成功的商人。为了实现这个梦想，她先搬到了巴尔的摩，然后搬到了华盛顿，开始从事裁缝事业。由于她出色的缝纫技术、优秀的社交能力，以及她从圣路易斯客户那里得到的优秀推荐，她很快就能够得心应手地完成客户的所有需求。她真的成功了！然后一个更崇高的梦想在她脑海中清晰地浮现出来。

“自从到了华盛顿，”克利夫解释说，“我非常渴望为白宫的女士们工作，为了实现这一目标，我准备做出几乎任何必要的牺牲。”在美国，没有比给第一夫人做衣服，更能让她名声大噪的了。她继续努力工作，充分利用客户们的口碑推荐。不到一年，她就实现了目标。从亚伯拉罕·林肯就职的第二天起，克利夫就成了玛丽·托德·林肯的独家裁缝师、时尚顾问，有时甚至是服装师。她也成了林肯夫人最亲密的朋友和知己。当林肯夫人的儿子威廉去世时，克利夫陪在她身边安慰她。总统遇刺后，有人问林肯夫人："夫人，您总是沉浸在这可怕的痛苦中，您有没有想要谁陪伴您？"第一夫人马上回答说："好吧，我需要伊丽莎白·克利夫。"夫人从克利夫那儿得到了很多慰藉。在总统去世后的几年，林肯夫人经常把克利夫描述成她最好的朋友。

克利夫的服装生意在华盛顿红火起来。有一段时间，她实在是太忙了，所以开了第二家店。到她晚年时，她已经成为一名缝纫老师。她做了她梦寐以求的事，打破了别人对她的既定看法。令她高兴的是，在内战之后的几年里，她发展得非常好，甚至比她以前主人的孩子还要好。

如果有人问她代价问题——我是否愿意为梦想付出代价？毫无疑问，她会回答一个响亮的"是"。

你的梦想让你变得更强还是更弱

你呢？你如何回答坚持问题？你离梦想越来越近了吗？你在前进吗？你有足够的勇气助你渡过难关吗？或者当事情变得艰难时（肯定会），你更容易放弃吗？拉尔夫·沃尔多·爱默生说："绝大多数人都有始无终。"你仅仅是一个梦想发起者，还是一个像克利夫一样的梦想实现者呢？当对新想法的热情减少、消逝

绝大多数人都有始无终。
——拉尔夫·沃尔多·爱默生

时，当对你不利的概率增加，成功概率减少时，当成功看起来不可能时，你会专注精力，继续前进吗？你顽强吗？这是人们真正实现梦想的标志。

美国第三十任总统卡尔文·柯立芝说："只有坚持和决心是万能的。'坚持到底'的口号已经解决并将永远解决人类面临的问题。"坚持是你在通往梦想道路上遇到的问题的解决之道。看，罗伯特·皮里少将也是经过七次尝试，最终才成功到达北极。奥斯卡·汉默斯坦二世在百老汇有过五场失败的演出后，最终才在俄克拉荷马州凭借2212场创纪录的演出，获得了450多万人的观看。托马斯·爱迪生在发明实用灯泡的尝试中失败了一万次，最后才成功。为了实现你的梦想，你必须培养自己的能力，在别人放弃的时候继续前进。你需要培养自己的毅力！

坚持为梦想而战

伍德罗·威尔逊总统肯定了梦想的重要性。他说："我们靠梦想成长。所有的大人物都是梦想家。他们在春天的薄雾或冬夜的篝火里辨清事物。有些人让那些伟大的梦想死去，而另一些人则培育和保护它们：在逆境中培育它们，直到它们迎来阳光，阳光总是青睐那些真诚希望梦想成真的人。”如果你想成为一个培育梦想直到梦想成真的人，那么你需要不断努力，不断奋斗，不断向梦想前进。为此，请记住以下几点：

为了更接近梦想……你需要认识到，放弃更可能是由于你自身而非外在的环境

每个人在努力实现梦想时都会遇到困难。如果有人失败了，他会从“出了什么问题，意外是怎么发生的，有人如何让他失望，环境如何对他不利”等方面找借口。但现实是，外在原因并不能阻止人们前进的步伐。失败往往是因为自己的放弃。大多数人会阻止自己潜能的发挥。他们自认为失败要归咎于自己以外的人、事和情况，但实际上，他们应该从自身找原因。

实现梦想没有捷径。想想伊丽莎白·克利夫，几乎每件事都对她不利，但她成功地实现了她的梦想。我们不应该找借口。相反，我们的态度应该像天才艺术家、发明家莱昂纳多·达·芬奇一样，他说：“困难打不倒我。每一个困难都将被坚定的决心打败。一心想着梦想的人，不会轻易动摇。”一个人必须有这样的心态去顽强地追求梦想。停止尝试必将导致失败。除非我们天生缺乏毅力，否则没有什么是不可逾越的障碍。

传说有一个士兵在亚历山大大帝面前被军事法庭审判。最开始士兵觉得判决不公正，要求上诉。征服者告诉士兵，没有比他地位更高的人了。“如果是这样的话，”士兵回答说，“我将不再向小亚历山大上诉，我将向亚历山大大帝提出上诉。”

这个故事可能是虚构的，但它指出了一个我们必须面对的事实。我们每个人其实都由两部分组成：一个消极的自我和一个积极的自我。他们彼此为绝对的掌控权而不断斗争。消极的自我带我们走向失败，积极的自我给我们带来胜利。我的意思是：

消极的自我说：“没有足够的人相信你。你不会成功的。”
积极的自我说：“只要我对自己有足够信心，我就能做到。”
停止尝试必将导致失败。

塔妮·奥德尔是奥普拉读书俱乐部精选的《乡间路》一书的作者，她展露了一个伟大的自我，她说：“永远不要放弃你的梦想……坚持是最重要的。如果别人让你放弃，你就没有继续尝试的欲望和信念，那么你将永远无法实现你的所思所想。”

消极的自我说：“实现梦想的旅途太遥远了。”
积极的自我说：“梦想是通过一天天的努力实现的。”

克里斯托弗·哥伦布的日记写道，当他经历狂风暴雨、处理受损船只、面临困顿和害怕暴动时，他发展了积极的自我，饿死了消极的自我。日复一日，他日志上的内容不变，那就是：“今

成功的人也可能被批评过很多次，
但他依旧没有因为外界的声音而放弃。
——詹森

天我们继续航行。”

消极的自我说：“够了！够了！你已经受够了！”

积极的自我说：“我已经走得太远了，现在不能放弃。”

作家詹森听从了内心积极的自我，他说：“成功的人也可能被批评过很多次，但他依旧没有因为外界的声音而放弃。”

消极的自我说：“你没有力量坚持你的梦想。”

积极的自我说：“再坚持一下，熬过最黑暗的时刻就会等到黎明。”

小说家哈丽叶特·比切·斯托坚持了积极的自我，说：“当你陷入困境，一切都与你背道而驰，看起来似乎已经到不能再坚持的时候，千万不要放弃，时间会让一切改变的。”

所以当事情变糟，阻碍和困难倍增，你的梦想似乎遥不可及时，你需要做的就是坚持前进。如果你停止前进的步伐，那是因为你的内心而不是外界发生了变化。成功可能比你想象的要容易得多。继续前进。

为了更接近梦想……改进你的措辞

20世纪70年代初，我试图解决棘手的领导艺术问题，几个月过去了，我仍然找不到答案。我想认输。但我不是一个天生的放弃者，我讨厌失去。一天，我气坏了，拿出一本词典，看了看“放弃”这个词。我阅读了其定义，并花了几分钟考虑这个选择。我发觉，我确实做不到。作为象征性的反抗，我拿起剪刀，把这个词从我的字典和心理词汇里剪了出来。我会不惜一切代价取得成功。那个决定并没有使我的任何问题消失，但它确实坚定了我的决心。

如果你想实现你的梦想，你需要注意你说的话。法国小说家埃米尔· 德· 吉拉丹注意到了语言的力量：“语言的力量是巨大的。恰当的话语阻止了敌人，把失败变成了胜利，拯救了帝国。”你所说的话能让你离梦想更近或更远。请看以下语句之间的区别：

不能：	**能：**
我们以前从没做过。	我们有机会成为第一个。
我们缺乏资源。	必要产生创造。
时间不够。	改变我们的工作方式。
我们已经试过了。	我们从中吸取了教训。
这是在浪费时间。	想想这些可能性。
我们缺乏专业知识。	我们可以和那些专业的人建立联系。

仅仅相信自己并不能保证成功，但如果你不相信自己，就一定会导致失败。

我们的供应商不会买。	向他们展示机会。
我们没有足够的钱。	也许我们可以缩减支出。
我们人手不足。	我们是一个优秀的狼性团队。
我们没有设备。	也许我们可以用其他替代品。
已经足够好了。	再试一次。
让别人来处理吧。	我准备学点新东西。
太激进了。	试试看。
顾客不会买单的。	他们理解后，就会喜欢的。
这不是我的工作。	我很乐意承担责任。
我不行！	我可以！

如果你内心深处认为你不能做某件事，那么即使你有天赋、时间、资源、策略和人手来完成它，你也无法做到。只有那些相信自己的人才能做到。仅仅相信自己并不能保证成功，但如果你不相信自己，就一定会导致失败。

我赞同比尔·波音的观点。1916年，他创立了波音飞机公司并在公司总部的牌匾上写了一句话："每个人都不应该用'做不到'的说法来放弃任何新奇的想法。我们的工作是不断研究和试验，尽快使我们的实验成果投入生产，在飞行和飞行设备的创造

如果你的船不来，就游出去迎接它。

——乔纳森·温特斯

发明方面保持领先地位。”这种态度让他的梦想和波音公司繁荣了九十多年！

为了更接近梦想……你需要认识到等待一切如愿是错误的

喜剧演员乔纳森·温特斯说：“如果你的船不来，就游出去迎接它。”太多的人站在码头上等着。他们希望船就位，跳板位置完美，天气合适，在他们愿意向前迈出一步之前，还要有一份刻有文字的请柬！这永远不可能。为什么？因为梦想不会从天而降。我们必须向他们奋进。

杰克·坎菲尔在他那本精彩的《就是要成功：为成功改变自己》一书中写道：

是时候放弃等待。

完美，

灵感，

许可，

保证。

可以改变的人。

合适的人选。

孩子们长大离开家。

更有利的星象。

新的管理权。

风险会消失。

有人发现你。

一套明确的指示。

更多的自信心。

痛苦会消逝。

换言之，追求梦想的条件永远不会一应俱全。事实上，情况似乎并不那么有利。但无论如何必须一直前进，坚持行动。

为了更接近梦想……改变你的想法

将那些轻易放弃的人和那些为追求梦想而顽强前进的人的想法进行比较，你知道他们的主要区别是什么吗？不管你相信与否，成功人士不会把大部分时间花在思考必须做什么上。相反，他们花了大约两倍的时间来思考他们已经完成的事情，以及他们如何能够完成他们打算做的事情。

加州大学洛杉矶分校退休篮球教练约翰·伍登说：“人们用最好的方法使事情朝好的方向发展,就会有最好的结果。”我喜欢他这种表达方式。成功的人是积极的。他们相信自己能把事情做好。他们通常都喜欢自己的工作。这些极其重要，因为

人们用最好的方法使事情朝好的方向发展，就会有最好的结果。

——约翰·伍登

追求梦想是一段坎坷的旅程。成功是一段上坡路，但它也有很多死胡同，只有那些思想正确的人才会成功。

成功和失败的人之间最大的差距在于思维的差距。二者的想法是不同的，特别是对于失败的看法。成功的人将失败看作是成功的必要部分，并积极克服失败。脊髓灰质炎疫苗研制者、研究学家、物理学家乔纳斯·索尔克观察到：

以一个实验者的经历来说，从某种意义上，你所做的一切是成功的。它告诉你不该做什么，以及应该做什么。我走进实验室，经常会听到人们说某些东西没用之类的话。我会说："太好了，我们有了一个伟大的发现！"如果你认为它会起作用，但事实上它并没有，那么它就是以一种不起作用的方式在告诉你信息。所以我认为这不是一个困难，而是挑战，因为我们需要识别"事实告诉我什么"。

这种毅力来自正确的思维。这是成功人士的标志。他们不断努力，不断学习，不断前进。他们拥有正确的思维，这将带领他们去赢得更多的胜利。他们表现出和爱迪生一样的态度：当我认为结果是值得的，我就会坚持努力，一次又一次地尝试，直到这个结果出

拒绝放弃的人才能看到努力换来的全部成果。

——克莱门特·斯通

现。如果你想继续朝你的梦想前进，你需要有一个类似的态度。

为了更接近梦想……你需要认识到，在梦想停止的那一刻资源也会随之消失

朝着梦想前进和我们所需要的资源之间有着密切的联系。在开始行动之前，我们常常希望看到资源或掌握资源。但当我们这样做时，我们既没有资源也不会采取任何行动。相反，我们需要像幽默故事中的蜗牛一样，在二月一个寒冷的日子里，开始攀爬苹果树。当他慢慢向上爬的时候，一条虫子从树缝里探出头来，说："你在浪费精力。上面一个苹果也没有。"

"不，"蜗牛一边爬一边回答，"等我到那儿，就会有的！"这个故事很老套，但其中蕴含的观点是正确的。它告诉我们只有向前迈进，我们才有机会获得成功所需的东西。

1995年，兄弟莱瑞和我创立了非营利组织EQUIP基金会，已经在全世界培训了超过两百万人 。在圆石滩庆祝组织成立十周年的活动上，我有机会和三百名赞助者交谈。当我看着那些想要培养领导者并提供资金支持的男士和女士时，我意识到在EQUIP成立时，我只认识其中的二十五个人。在我们前行的路上，超过90%的关键人物和他们提供的资源开始在梦想中发挥作用。

EQUIP没有上市，因为我们已经有了我们需要的资源。我们成立EQUIP是因为我们需要这些资源。

这就是它的工作方式。梦想不会随资源而来。恰恰相反，首先我们得有梦想，然后我们努力前进，只有这样，人才和资源才会随之而来。正如商人、作家克莱门特·斯通所说："拒绝放弃的人才能看到努力换来的全部成果。"

为了更接近梦想……践行五条常规

数百万人，包括我，都受到了马克·维克多·汉森和杰克·坎菲尔德所著的《心灵鸡汤》的启发。我想大多数人认为出版商为了让这些图书上市而提供了便利。根本不是。这是一场艰难的斗争。对于汉森和坎菲尔德来说，要获得让别人出版第一本书的兴趣尤其困难。然后，当这本书出版时，让别人买下它又成了一个难题。他们做了很多研究，和许多成功的作家交谈。但最终帮助他们的是一位名叫斯科拉斯蒂科老师的建议，他告诉他们："如果你每天用一把锋利的斧头朝一棵大树挥五下，最后，不管这棵树有多大，它都能被你砍倒。"

基于这一建议，他们发展了所谓的"五法则"：每天做五件事，使他们更接近出售书籍的梦想。他们写道：

> 目标是使《心灵鸡汤》登上《纽约时报》畅销书排行榜首位，这意味着要进行五次电台采访，或向可能有兴趣的编辑发出

五份书评，或打电话给五家网络营销公司，请他们购买这本书来激励销售人员，或至少和五个人开一次研讨会，然后在外面售卖书。有时，我们只会向名人通讯录中列出的人免费送出五本书，包括哈里森·福特、芭芭拉·史翠珊、保罗·麦卡特尼、史蒂文·斯皮尔伯格和西德尼·波蒂埃。最后，应西德尼·波蒂埃的邀请，我得以与他进行了面谈。后来我们得知，《与天使有约》电视节目的制片人要求所有节目工作人员阅读《心灵鸡汤》，以使他们拥有一个“正确的心态”。有一天，我们把这本书的副本寄给了辛普森案的所有陪审员。一周后，我们收到了伊藤法官的一封回信，信中感谢我们对陪审员的关心，因为他们与外界隔离，不能看电视或报纸。第二天，媒体发现四名陪审员正在阅读这本书，这也为本书带来了一些有价值的公共关系。

我们给那些能给书籍写简评的人打电话，我们写新闻稿，我们参加脱口秀节目（有些是在凌晨3点），我们在会谈中免费赠送样书，我们把书寄给牧师们作为他们布道的资料，我们在教堂免费举办“心灵鸡汤”讲座，我们在任何一家合作书店签售书籍，我们说服企业为员工批量采购书籍，我们将这本书推广进了军事基地的对二甲苯（PX）生产项目，我们请演讲家在他们的演讲中推广书籍，我们请培训公司把这本书放进他们的培训目录中。我们买了一本目录册，请所有合适的目录推广我们的书，我们拜访了礼品店和卡片店，请他们将书作为礼品出售。我们甚至成功地让加油站、面包店和餐馆出售这本书。无疑，这些都需要我们付出巨大的努力。两年多来，我们日复一日地做着至少五件事。

践行五法则有效吗？这由你来判断。《心灵鸡汤》已经以四十一种语言，一百七十个标题，售出了一亿一千两百万本。如果你能在追逐梦想的过程中有一种类似的顽强和坚持，我打赌你也会获得巨大的进步。

为了更接近梦想……记住，当你认为已经竭尽全力的时候，其实并没有

多年前，我有一个叫芭芭拉·布鲁马金的行政助理。像我多年的助理琳达·艾格斯一样，芭芭拉也很出色。我将永远感激她在那些年里为我所做的工作，但我清楚记得我和她早期工作关系中的一个转折点。就在那一天，她变得坚韧，这使她从与我多年来共事的大多数人中脱颖而出。

就在芭芭拉担任几个星期的助理后，有一天我让她给我找一个号码，我需要打电话。几分钟后，芭芭拉来到我的办公室，告诉我她找不到电话号码。那是在20世纪80年代早期，还没有产生互联网，这类工作任务相对来说更加繁杂。

“芭芭拉，我不接受，”我说，并意识到我们之间工作关系的性质会受到接下来几分钟发生的事情的影响，“把你的罗拉代克斯（一种名片簿、通讯录）给我，然后坐在我旁边。”我翻遍

冠军是一个明知自己不能站起来，却成功站起来的人。

——杰克·登普西

了罗拉代克斯里的所有电话号码，找到了一个起点。然后我开始打电话。对于每次电话，我都记下了数字。这不是一件容易的事，但大约四十五分钟后，我终于找到了我向她要的号码。然后我把罗拉代克斯递给她，说：“芭芭拉，总会有办法找到答案的。完成这项任务是你的工作。希望以后我们不要再就这个问题谈话了。”你猜怎么着？真的再也没有过。我可能不是总能如愿以偿，但芭芭拉从未放弃。

如果你想实现你的梦想，你不能放弃。即使每一条大道看起来都像一条死胡同，你觉得自己也已经竭尽全力，但其实并没有。总有其他的方式，其他的选择，其他的机会。即使你现在看不到它们，它们也依旧存在。不要放弃。

前重量级拳王杰克·登普西说：“冠军是一个明知自己不能站起来，却成功站起来的人。”我相信那些实现梦想的人会在他们认为做不到的时候继续前进。他们坚持不懈。最终，他们会逐渐离梦想更近。有时候，即使是很小的前进步伐，也将为你日后实现梦想产生不可忽视的作用。

梦想不仅仅是一个迫使你追随它走向未来的愿景，它也是衡量每一天、每一个努力动机的工具。如果你的梦想是明智的，那么你必须坚持不懈地追求它。

对于坚持问题：我是否正在向梦想迈进

你的答案是肯定的吗？

如果你没有向梦想靠近，可能是因为你在追求梦想的过程中不够坚持。发展坚韧性的关键是改变，而不是在同样的事情上更加努力。思考本章提到的你需要重点关注的事情：

改变你的想法。你确信你不会成功吗？你会用消极的语言描述你自己以及你的所作所为吗？因为没有优势条件，你害怕开始吗？当你没有所需的资源时，你是否停止了前进的步伐？如果是这样，你需要改变你的心态。现在，你准备做些什么来打破消极思维的循环？

改变你的态度。你是否只有短期实现梦想的想法？你期望在未来几天、几周或几个月内成功吗？记住，梦想越远大，奋斗的时间就越长。重新调整你的期望，制订一个更合理的计划来实现你的梦想。

改变你的工作习惯。践行五法则。今天你能做哪五件事（无论多小的事）推进你的事业，让你更接近梦想？别忘了作者、出版商罗伯特·柯里尔所说："成功来源于日复一日努力的积累。"

第九章

满足问题：我是否能在努力向梦想迈进中获得满足

The Fulfillment Question Does Working toward My Dream Bring Satisfaction?

如果一个人自信地朝着梦想的方向前进，努力去过他事先设想的生活，他将会取得普通人想象不到的成功。

——亨利·戴维·梭罗

实现梦想不仅仅是指你所获得的成就，更是指你在这个过程中成为什么样的人！

如果你对梦想充满激情，你可能有足够的精力、动力并采取行动去实现它。如果对于代价问题，你的回答是肯定的，那么接下来你就要准备做出牺牲，实现你的梦想。如果你有毅力，那么即使逐梦旅途中遭遇困难，你也不会放弃。这些品质足以让你渡过难关吗？也许吧。但是还有一个问题需要纳入考虑范围，那就是你所追求的梦想是否值得你去付出努力、时间和精力。你必须回答满足问题：我是否能在努力向梦想迈进中获得满足？

你可能会问："这真的重要吗？这与我在不违背自己价值观的情况下实现梦想，又有什么区别呢？"

这一点非常重要，因为实现梦想不仅仅是指你所获得的成就，更是指你在这个过程中成为什么样的人！一个伟大的梦想不仅仅是一个终点，它也是一个伟大旅程的催化剂。如果逐梦方向是正确的，那么你可以很容易回答满足问题，但我依旧要说，如果你没有实现你的梦想，奋斗的过程仍然是值得的。为什么？因为过程本身会令人感到满足。

成就感还是挫败感

梦想的产生与实现之间总是有巨大的差距。你需要思考在这之间，你体会到的是满足还是挫败。如果是挫败，你在其中的大部分日子将会很痛苦。每一天，你都感到沮丧，而不是成就感，正因如此，你继续朝梦想前进的可能性也将随之减少。

作家、营销专家塞斯·戈丁将你开始做某事与你开始有重大成就之间的差距称为“斜坡”，并就此专门写了一本书。他说每个人都应该努力成为世界上最优秀的人，他认为这是通往成功的唯一途径。（他认为，我们所做的任何事情，如果不可能达到这样的高度，那就是一条死胡同，毫无出路，应该被抛弃。）但要想成为最优秀的人，我们首先必须经历一个斜坡，它看起来像“一个被陡峭、高耸山峰围绕的山谷。一个人要想在某件事上变得真正出色，就必须攀登类似的高峰”。

戈丁说：“所有的成功都一样。所有的失败也都一样。当我们做一些了不起的事情时，我们就成功了。我们放弃得太快就会失败。当我们在自己所从事的领域成为最优秀的人时，我们就成功了。当我们被众多任务分散注意力，并且无法放弃时，我们就会失败。”戈丁认为，斜坡越大，回报的潜力也就越大，因为斜坡越大，其他可能尝试相同路径的人也就越少。我认为，斜坡代表了一个人必须面对的逆境和为了达到期望的结果而必须克服的学习曲线。为了实现我们的梦想，我们必须跨越梦想产生和实现之间的斜坡。这意味着克服障碍，处理困难的学习曲线，并做好繁重艰苦的工作。如果在逐梦过程中无法感受到强烈的成就感，那就糟糕了。

从华尔街到非洲

当我读到有人为了追随她的梦想而放弃了成功的职业生涯时，我总是感到很好奇。最近我在《财富》和《福布斯》上看到了一个人的简介，她就是如此。她的名字叫杰奎琳·诺沃格拉茨，她放弃了在华尔街的成功和潜在的高回报职业生涯，去追求一些她觉得更有成就感的事情。

诺沃格拉茨有经商的天赋。她是七个兄弟姐妹中最年长的一个，大学毕业后在大通曼哈顿银行从事国际业务。我猜你想说生意和金融能力是她家族与生俱来的天赋。她的三个兄弟姐妹走上了类似的道路，现在在金融界享有很高的声望。例如，她的兄弟迈克是城堡投资集团的总裁，名列2007年福布斯全球亿万富翁名单。

杰奎琳·诺沃格拉茨把亨利·福特视为她商业上的偶像之一，因为他“看到了商业和消费者之间的联系：他明白，他的工人也是他的目标市场，他创造了工作，从而提高了工资，并开发了工人们能负担得起的产品”。但诺沃格拉茨除了有金融头脑外，还有一颗珍贵的爱心。她总是有强烈的愿望去帮助那些不幸的人。引用她的另一位偶像、印度圣雄甘地的话，因为他“理解人类平等和人类尊严的重要性”。正如她所说，她也钦佩“他作为一个营销者和传播者的才华”。通过象征主义和文字，他能够影响一个国家，甚至整个世界。

为了大通曼哈顿银行的业务，三年来诺沃格拉茨去了世界很多地方。那年她访问了四十个国家。但当她在巴西的时候，巴西正在经历债务危机，这对她产生了切实的影响。她说：“我看到贫民窟里的这些人根本无法获得银行信贷，因为我们将数百万美元的贷款借给了富人。”这是不对的。于是她辞去了工作，朝新的方向出发了。她想帮助全世界最贫穷的人。

诺沃格拉茨回忆说，作为一个来到象牙海岸的年轻的理想主义女性，“我刚离开华尔街时，剪了个类似玛格丽特·米德的发型，把我所有的东西几乎都送了出去，只带了一些必需品：一些诗集，几件衣服，当然还有一把吉他，因为我要拯救世界，我想我应该从非洲大陆开始”。毋庸置疑，她有点天真。但她确实参与了一项结合她两个爱好的活动：小额信贷项目。她听说卢旺达基加利有一家由二十名妓女经营的面包店，当她去调查时，她发现她们其实是一群未婚妈妈。她得知，她们得到了教堂的支持，整日在面包店工作，可面包店依旧处于亏损状态。她决心帮助她们把面包店变成一个可行的事业，并且她成功了。这些妇女从最开始每天从慈善机构领取五十美分，到最后成功赚取国家平均工资的三倍。当她获得更多的经验时，她的愿景变得更清晰了。她想将商业的力量、可持续性与慈善组织的愿望结合起来，帮助最贫穷的人。她继续在斯坦福大学深造并获得了工商管理硕士学位。然后在2001年她成立了睿智基金。

睿智基金是一个非营利性全球风险基金，它采用创业的方法来解决全球贫困问题。我们试图证明，小额慈善资金加上众多的商业头脑，能够兴办企业，为广大穷人服务。我们的投资专注于通过创新的、市场化的方式提供负担得起的、关键的商品和服务，如健康、水、住房和能源。

诺沃格拉茨意识到，慈善组织本身并没有解决穷人的问题，因为它们不能提供长期解决方案。单靠企业也不能帮助最贫穷的人，因为它们以寻求投资的快速收益为目标，而不是穷人。诺沃格拉茨说："以市场为基础的方法，支持具有增长潜力的可持续企业，当慈善资金耗尽时，它有可能发展壮大，这将使生活在贫困中的人们能够长期解决自己的问题。我们的目标是改变世界对穷人的看法，使他们不再是被动的慈善接受者，而有可能是掌控自己命运的个人。"

许多慈善组织正在帮助发展中国家的人们使用小额信贷，例如，他们借给妇女一百五十美元用来购买缝纫机。但睿智基金采取了不同的做法。他们向埃及、印度、肯尼亚、巴基斯坦和坦桑尼亚等国的穷人投资六十万至一百万美元，同时在这些国家创造就业机会。截至目前，睿智基金已经在亚洲和非洲的十八个企业中投资了两千七百万美元。这些投资促进了业务的多样化发展，例如孟买医疗服务，防止疟疾的坦桑尼亚蚊帐化学处理，巴基斯坦经济适用房，以及印度小农户滴灌系统。

当诺沃格拉茨开始在非洲工作时，她认为很快就可以改变世界。可是经过二十年的经验，她不再像当初那样天真，不再以为很快就能实现自己的目标，但她仍然对自己的工作充满激情。显然，这项工作对她来说是有意义的："尽管这只是一个开始，但有一天，如果能看到真正的变化，我想那种兴奋绝对难以言表。所以我们不能仅仅改变一两百人，我们要致力于改变数百万人的生活。如果我们团结一致，我们可以做到。"

在差距中寻找成就

如果你想一直为你的梦想奋斗，那么梦想本身就会给你带来成就感。你必须像杰奎琳·诺沃格拉茨那样，用响亮的"是"回答满足问题。怎么做到？通过学习其他有成就感的人所知道的东西，因为他们在梦想产生和最终实现之间的差距中，体验到了成就感。

有成就感的人理解梦想与实现的区别

如果你积极、肯定地回答了现实问题，那么你的梦想是可实现的。然而，你脑海中关于梦想的理想画面是无法被实现的。如果你想在为梦想奋斗的同时得到满足，那么理解这一点至关重要。如果你不这样做，你注定会受挫。

最近，我听了演讲家、顾问丹·苏利文在CD上的留言，他描述了“理想”和“现实”之间的区别。他把理想描述为一种“精神构造”，一种大脑的工具，使我们能够掌握未来。理想是一幅画面，是我们创造未来的理想事件和情况，使我们能够向前迈进。理想其实并不存在于我们的头脑之外，也不具有可实现性。

为什么你不可能实现梦想中的理想画面？因为它的一切都是完美的，但这是不可能的。生活本身是极其复杂、混乱的，它充满了好的和坏的意外。如果你想实现梦想中的理想画面，那么你将永远无法称心如意，你会永远失望的。

这并不意味着你应该抛弃你的理想。相反，它有助于你确立目标，寻找内在动力，追求卓越。不过，你也需要锤炼它。理想主义的梦想渴望立即实现，现实主义的梦想让你珍惜实现梦想的过程。理想主义的梦想不能容忍任何不完美的东西，现实主义的梦想为你的本性和不完美留出了空间。理想主义的梦想让你失望，现实主义的梦想让你成功。

有成就感的人明白梦想的大小决定了差距的大小

梦想越远大，就越有可能使人感到满足。然而，梦想越远大，梦想的产生和实现之间的差距就越大。如果你选择了一个宏伟、艰难和大胆的目标（吉姆·柯林斯称之为BHAG），那么你也将面临一个巨大、艰难的差距。如果你选择了目标之母，那么

如果你想快乐，就设定一个目标，它能支配你的思想，解放你的能量，激发你的希望。

——安德鲁·卡内基

你面对的就是差距之母。就是这样。飞机越大，跑道越长。目标越大，差距越大。

安德鲁·卡内基是20世纪初美国最富有的人，他说："如果你想快乐，就设定一个目标，它能支配你的思想，解放你的能量，激发你的希望。"尽管这是个好建议，但你需要记住，你得为奋斗征途做好准备。这种征途使许多人疲惫不堪。如果你想去追逐梦想，你就要有坚持前进的决心，克服障碍的创造力，以及可以助你一臂之力的帮手。

有成就感的人在征途中保持梦想

为了让梦想鲜活，并在追求它们的过程中找到成就感，我们必须不断想象我们的梦想。它是人类生存的必要部分，得以让我们继续前进。当诺贝尔文学奖获得者约翰·斯坦贝克在创作《伊甸之东》时，写信给他的编辑：

我要把亚当的人生计划全部写下来，尽管他连一个计划也没有实现，但这不重要。计划是真实而未经实践的。丰富的生活充满计划。如果最终计划不能得以实现，也没关系，总能实现一些细分计划。如果计划成功，它仍然可能带来失望。这就是为什么那些奋斗过程中更长的梦想，会变得更加美好。我相信，如果你知道一个人的计划，你对他的了解就比其他任何方式都多。计划是白日梦，也是衡量一个人的真实标准。因此，如果我沉湎于计划，那是因为我试图将我整个人放下。 这是多么奇怪的生活啊。看看它有什么伟大之处。人们身上总有一些奇怪的部分。我想我们和其他动物区别之一就是我们有梦想和计划。

我认为大多数有创造力的人都能直观理解梦想的重要性，认为它是一个获得灵感、动力和成就感的过程。电影《星球大战》的导演、制片人乔治·卢卡斯说，让他和他的同事们在困难时期坚持下去的一件事是：“我们一直在想将来会怎样。”如果你不是一个天生有创造力的人，那么你必须学会如何继续拥有梦想。即使你以一种幽默的方式做到这一点，也没关系。有人曾告诉我他看见一个学生在大学校园里骑自行车，那个学生的T恤上写着：“我要当医生。”他的自行车上有一处标志，上面写着：“我要成为一辆奔驰。”那是一个学会了一直拥有梦想的人。

有成就感的人享受征途的过程

我有一个朋友，当我问他最近怎么样时，他总是会说：“我生活在梦想中。”这是否意味着他已经实现了他的梦想？不。他的答案仅仅代表他对满足问题持肯定回答。为梦想而努力会带来

急躁和贪婪是成功的两大杀手。

——吉米·罗恩

成就感!

作家、演说家吉米·罗恩说:“急躁和贪婪是成功的两大杀手。”我相信它们也经常是梦想的杀手。大多数人想要很快得到激动人心的结果。然而，现实是，大多数梦想的实现需要耗费较长的时间，结果可能也是平淡无奇的。如果你已经实现了生活中的某一个主要目标，那么你就会知道实现目标远没有想象它们更令人兴奋。这就是为什么你需要学会从征途中，从每一步的过程中获得成就感。航空先驱阿梅莉亚·埃尔哈特说:“你可以做任何你决定做的事。你可以采取行动改变和控制你的生活，而步骤和过程是它自己的回报。”

我认识的最成功、最满足的人，在通往梦想的旅途中，都会感到快乐。例如约翰·伍德教练，在《冠军团队》一书中，写到了自己分外享受职业生涯中的工作过程:

如果我能回到过去，选择运动生涯的某一天重新来过，我的选择可能会让你大吃一惊。

那不会是1927年，当我们的马丁斯维尔高中篮球队赢得印第安纳州冠军的那一天；也不会是我作为普渡大学锅炉制造队或在印第安纳州立师范学院或加州大学洛杉矶分校执教参与任何比赛的那一天。

如果我真的能回到过去，我的选择是：我想在健身房多练习一天。

截至目前，作为一名教导队员如何在团队中取得成功的教练，每天的训练是我做的最有成就感、最激动人心、最难忘的事情。

塞万提斯说：“旅行比旅馆更好。对我来说，奋斗、计划、教与学、追求（当然，这就是旅程）超越了一切，包括记录、头衔或全国锦标赛。”

我承认，奖状和鸣谢，最后的比分，它们也都很重要。但是，对我来说，塞万提斯的话更能表达我的所想，那就是我最大的快乐来源于过程。

或许你可以审视一下自己快乐的源泉——满足。它来源于你的旅途，你的回报还是你的目的地？

在任何一项运动中，伍德都比其他人更有成就。人们梦想着只要有他一部分的成功也好。

有成就感的人在梦想诞生到实现的路上会有新的发现

如果你坚持朝你的梦想前进，并且仔细留意，你最终会发现一扇通向伟大发现的大门。科学家田中耕一描述了这一现象，以及如何在愉快追求梦想的过程中实现它。当他试图用激光制造离子时，他说：“我失败了几个星期、几个月后才成功，为什么我还要继续

你也有潜力在追求梦想的过程中发现许多奇妙的事情。没有什么比发掘自己更棒。

实验？因为我很享受这个过程。对我来说，知道一些我以前从未知晓的事情是一件很有趣的事，而这种乐趣使我能够坚持不懈。”这种坚持帮助他获得了诺贝尔化学奖。

你也有潜力在追求梦想的过程中发现许多奇妙的事情。没有什么比发掘自己更棒，至少对我来说如此。当你追随你的梦想时，你会发现你可以比想象中更坚持不懈，更足智多谋。你可以去你认为不可能的地方做你认为不可能的事情。

追求梦想使我跨出了舒适区，拥有更好的思维，更多的信息、更强烈的目标感。我对梦想的追求和个人的成长渴望已经交织在一起，现在我会想，到底是我创造了梦想，还是梦想创造了我？

作家托马斯·默顿写道，我们已经拥有了我们需要的东西。他的意思是，我们不需要为了寻求满足而去追求外在的东西。这是一个态度问题。我们可以选择满足，满足于我们的生活——不是通过实现梦想，而是通过发现和努力实现我们的梦想。梦想的最大价值不在于你从中得到了什么，而在于你通过追求它而成为什么样的人。最终，我们征服的不是我们的梦想，而是我们自己。如果我们愿意在差距中寻找成就感，我们就能发现一个更好的自己。

最终，我们征服的不是我们的梦想，而是我们自己。

人类精神是一个奇迹。一旦它接受了一个新的想法或者学习一个新的真理，它就永远地改变了。一旦被延伸，它就会呈现出一个新的形状，永远不会回到原来的形状。当我们发现内在的成长时，我们就体验到外在的收获。当这一切发生的时候，我们就满足了。难怪儿童作家伊丽莎白·简·考丝沃斯会说："当我怀揣梦想的时候，我是永恒的。"

有成就感的人接受自然平衡法则：生活既是好的也是坏的

乐观主义者倾向于认为所有的生活都是美好的，而悲观主义者认为它全是坏事。然而，这两个想法都不对。生活是双面的。只有接受并拥抱真相的人才能找到成就感。为什么？因为接受却不拥抱它的人会变得冷漠，用耸肩和叹息迎接每一个困难。他们可能生存，但不会成功。

要实现一个梦想，并在这个过程中得到成就感，一个人需要未雨绸缪，无论是在逆境还是顺境中。这些年来，我观察到成功人士的一个共同特点是：不管怎样，他们始终坚持做正确的事，因为这样，他们就会感觉信心满满。另一方面，失败的人在做正确的事之前总会等待良好感觉。结果，他们既不能做正确的事，也无法拥有良好的感受。不管怎样，你还是得主动去做正确的事。纳尔逊·曼

不管怎样，成功人士始终坚持做正确的事，因为这样，他们就会感觉信心满满。

德拉就是如此。不管他想法如何，他坚持做了正确的事。他说："我发现了一个秘密，在爬上一座大山之后，人们会发现还有更多的山要爬。我可以在这里休息一会儿，看看我周围的壮丽景色，回顾我走过的路途。但我只能休息片刻，因为有了自由，责任就来了，我不敢再逗留，因为我的长途跋涉还没有结束。"

无论你感觉如何，环境如何，别人说什么或做何回应，如果你总能做正确的事情，你都会对自己感到满意。在一天结束的时候，这将决定你是否能感到满足。

热爱你的征程

有句老话说，如果你热爱你的工作，你就不会认为你仅仅只是在工作。我认为事实不是这样的，因为大多数人热爱工作的同时也需要努力工作，他们必须做他们不喜欢做的事，他们必须付出努力，即使他们并不乐意。也许更准确的说法是，如果你正在做你相信的事情，你所做的努力会给你带来深深的成就感。工作本身也会让你满足。

小说家娥苏拉·勒瑰恩说："到达旅行的终点固然是好的，但最终旅行的过程才是最重要的。"我认识很多患有"目

如果你的生命平淡无奇，那么生命有多长其实并不重要。生存是不够的。你需要真正的生活。

的为上”疾病的人，他们认为到达生活的某个目的地会给他们带来幸福。真是遗憾。很多时候，当我们最终到达我们期望的目的地时，却发现这并不是我们想要的。如果你专注于某个目的地，或某个梦想的目的地，你会错过沿途发生的所有伟大的事情。你会开始怀恋当下的快乐。如果你确信某一天会是你最好的一天，那么你对于当下的投入将变少，同时你也将得不到足够的回报。

如果你的生命平淡无奇，那么生命有多长其实并不重要。生存是不够的。你需要真正的生活。拥有一段从生到死的单调、乏味的生命没什么特别。拼到底！这是洛奇·巴尔博亚在电影《洛奇》的目标。他认为自己没有机会赢，所以他把自己的目标定为拼尽全力战斗，这样就不会让自己太难堪，或被淘汰。在某次对战中打出重要的一拳之前，他没有目标。他以前只是站在那儿，对别人的动作做出一种本能反应。但当他设定了第一个目标、第一个梦想时，事情开始有了转机。他在追求的过程中发现了自己，他发现他有比他想象中更大的潜力。他喜欢这个过程，这使他的梦想变得更远大。毫无疑问，在后来的电影剧情中，他的坚持使他赢得了世界重量级拳击比赛冠军。

当然，洛奇是个虚构的角色。但他的奋斗历程揭示了在追求梦想中寻求满足的基本事实。过程就是一切。在这个过程中，你变成了什么样的人，这一点很重要。如果你能在通往梦想的旅途中找到成就感，如果对于满足问题，你的回答是肯定的，那么不管明天会发生什么，在今天结束、上床睡觉时，当下你都是满足的。

对于满足问题：我是否能在努力向梦想迈进中获得满足

你的回答是肯定的吗？

如果对于满足问题，你的回答是否定的，那么证明你的梦想是错误的，或者你对它的态度是错误的。如果你讨厌为了追求梦想而必须做的事，那你就走错了路。审视你的动机。试着弄清楚为什么你把你的梦想作为你的目标。你和你想实现的目标之间有矛盾吗？我不想重述内容，但你可能需要重新审视归属问题。或许你对激情问题的回答并不诚实，或者你为你的梦想付出了太高的代价。如果对梦想的追求导致你违背了自己的价值观，那么你需要换一个梦想。

也许问题在于你的态度，那么你就需要思考如何应对梦想的产生与梦想的实现之间的差距。

是你太理想化了吗？别指望一切都是完美的。接受梦想的展开方式，而不是坚持完美。记住，生活是双面的。

梦想的产生与梦想的实现之间的差距太大，让你气馁吗？如果你的梦想很远大，那么差距也是如此。改变你对实现梦想所需时间的期望。90%的失望来自不切实际的期望。

你是否不再每天怀揣梦想？当一些人开始追求梦想时，他们认为这意味着必须马上全力以赴。其实并不是这样。只要坚持让自己每天想象一下梦想，探索可能性，拥抱选择，富有创造力，那么坚持怀抱梦想实际上有助于你前进。

你享受此过程中向前迈出的每一步吗？在旅途中感到满足的一种方式是庆祝你的成功。认可自己的每一个进步，让自己相信进步会鼓励你继续工作和前进。

你有没有把个人发现和成长作为你的目标？实现一个伟大梦想的最可靠的方法就是发展自己。梦想越大，实现梦想所需的人才就越优秀。在当前的形势下，你能学到什么？你怎么才能成长？永远不要忘记，追求梦想的最大回报就是你成了什么样的人。

第十章

意义问题：我的梦想是否能够造福他人

The Significance Question Does My Dream Benefit Others?

如果一个人无论什么原因有机会过上非凡的生活，他就没有权利只为他自己而活。

——雅克·伊夫·库斯托

如果你想进行梦想测试，你必须问自己最后一个问题，来衡量它是否值得你为之奉献一生。这不是一个复杂的问题。事实上，你会发现这是本书中最短的一章。然而，最后一个问题的影响最为深远。这是一个关乎意义的问题：我的梦想是否能够造福他人？

你的梦想能够造福哪些人

在我办公室的书架上有一些我非常喜欢的书，其实它们不是我拥有的最古老的书，也不是最有价值的。作为一个收藏家，我确实拥有一些价值不菲的书：一些小霍雷肖·阿尔杰的小说和18世纪英国教会牧师约翰·卫斯理写的一些原创作品。不，这个书架上的书根本没有货币价值，但它们有很大的个人价值。它们对我的人生有极大的影响。每一本都代表着我人生的不同阶段，帮助我在人生旅途中向前迈进。我发现自己常常需要这些书：放下某本书，阅读我在页边空白处写的笔记，并感谢作者的思想影响和帮助我作为一个人的发展。

当我创作《梦想的10道必考题》这本书时，我从书架上取下的书是鲍伯·班福德的《人生下半场》，它的副标题显示了这本书真正的内容，上面写着："从追求成功转为追求价值与意

人生的上半场与收获、学习和挣钱有关。人生的下半场面临更大的挑战，因为它与超越眼前的生活有关。

——鲍伯·班福德

义”。这本书在我四十多岁的时候对我影响很大。

班福德写道：“人生的上半场与收获、学习和挣钱有关。人生的下半场面临更大的挑战，因为它与超越眼前的生活有关。”这些话无疑给了我很多鞭策。它们让我开始思考努力超越自我，超越天生的自私。

历史上的伟人并不是因为他们所赢得或拥有的东西而伟大。他们之所以伟大，是因为他们把自己奉献给了他们以外的人和事业。他们的梦想是做一些有益于他人的事情。只有极少数人能够紧紧抓住自己的梦想有所作为，愿意为了梦想成真而放弃一切。这样的人，在他们死后，他们的梦想不会被人提及，就好像梦想从来没有被实现过。因为即使在他们死后，梦想仍在继续，因为它们为别人而活。对于意义问题：我的梦想是否能够造福他人？他们的回答是肯定的。

惊人的天赋

我曾读过一个关于威廉·威尔伯福斯的了不起的故事，实际上，这个名字在电影《奇异的恩典》上映之前，很多人都不知道。

威尔伯福斯一生的梦想是废除英国的奴隶制，最后他为此献出了自己的生命。

威尔伯福斯，1759年出生于英国。当时英国奴隶贸易盛行，英国经济主要依赖于此。在他还是个孩子时，他父亲就去世了，所以他青年时期的一部分时间是和一个虔诚的叔叔、阿姨度过的。在他大概十岁或十一岁时，他第一次了解到奴隶制。在教会，他遇到了约翰·牛顿，一位前奴隶船船长。约翰·牛顿已经对以前的生活进行了悔改，成为一名英国国教的牧师。然而，直到几年后，才有很多证据表明这次会面给威尔伯福斯留下了持久的印象。

威尔伯福斯在一个有钱有势的环境下长大。他就读于剑桥大学，但在学术上并不出众。他以魅力、机智和取乐朋友的能力而闻名。在其他人学习的时候，他开派对，和其他学生调侃。你可以说他把大把时间都浪费掉了——这令他晚年倍感后悔。

作为一个天资聪颖的人，威尔伯福斯在他20岁时开始竞选下议院议员。在那时，政治上的成功通常来自两件事：口才和财富。威尔伯福斯两样都有。几个月内，他用九千英镑来推动他的竞选。在他二十一岁生日的两个星期后，他当选为下议院议员，所赢得的选票与他两个对手票数总和相同。

威尔伯福斯立刻在伦敦政界广受欢迎。他很快被五个议会成员经常光顾的吃饭、赌博的高级俱乐部接纳。虽然他身材矮小，但给人留下了深刻的印象。他的人际交往能力无与伦比。他有一副很好的歌喉，众所周知他以此来愉悦朋友。有人称他为“全英国最聪明的人”。他还是个一流的演说家，他的声音让人着迷。在议会任职几年后，就更没有人能在口才上与他相提并论。传记作家埃里克·梅塔萨斯观察到，在威尔伯福斯二十四岁时，“他似乎势不可当。他以非凡的口才、才华和魅力，以及与他最亲爱的朋友、首相（威廉·皮特）的亲密关系，让人相信，他似乎无所不能。”

那么他究竟会在哪一方面大显身手呢？除了进入议会，取得成功——这可能是几乎任何人都难以实现的目标。他野心勃勃，很有天赋，但没有方向、目标。多年以后，威尔伯福斯说：“我在议会的第一年，什么也没做。我自己的优秀便是我最爱的目标。”他确实面临着浪费生命的危险。

神奇的梦想

1784年，当威尔伯福斯开始探索他年轻时的宗教信仰时，一切开始发生变化。在这个过程中，他经历了他所说的“巨大变化”，这对他产生了永久的影响。两年后，他变成了另一个人，这些变化催生了比自己的小欲望更大的梦想。他希望帮助英国的穷人，解决困扰英国的许多社会问题：流行性酗酒、儿童卖淫、穷人缺乏教育、犯罪、残忍的公开处决和虐待动物。他立即投入这项工作。但另一项重要的工作在几年后成为他的梦想：废除英国奴隶制。

奴隶制据说与人类一样古老，世界上最古老的文学和法律手稿倾向于支持这种观点。然而，在16、17世纪，一个特别残酷的奴隶制正在西半球实行，而英格兰正是它的中心。英国奴隶船从英国海岸出发，运载货物到非洲。在那里，他们卸下这些货物进行出售，并在海岸上下航行，从那些绑架、贩卖男人、女人和孩子的非洲奴隶贩子手中，购买奴隶。一旦船舱里挤满了戴锁链和镣铐的人，船长们就开始了漫长而残酷的航行，穿越大西洋，前往西印度群岛，在那里贩卖非洲奴隶。大多数人在那里的糖料种植园里工作几年就死了，另一些则被贩卖到后来成为美国的美洲殖民地。

大多数生活在18世纪80年代的英国的人完全不知道这一连串不断发生的事件。当威尔伯福斯了解所发生的一切时，他决心致力于结束英国的奴隶贸易。他认为这是他的职责，也是他生活的主要目标。威尔伯福斯说："奇怪的是，最慷慨的人和虔诚的教徒，看不到他们的责任随着他们财富的增加而增加，总有一天，他们会因为只关注自身的利益而受到惩罚。"

从1787年开始，威尔伯福斯开始了他的计划。他相信，如果议会成员意识到奴隶制的暴行，他们会立即投票废除它。他和其他废除死刑的支持者收集了各个阶段奴隶贸易暴行的压倒性证据，并提交给议会。威尔伯福斯就这个问题在第一次演讲中说：

在这么小的房间里，凝聚着如此多的痛苦，这是人类从未想象过的……它的邪恶显得如此巨大，如此可怕，如此不可救药，以至于我下定决心一定要废除它。一个建立在罪恶基础上的贸易，必须被废除，无论付出什么代价、后果。从那时起，我下定决心，除非它被废除，否则我将永不停止抗争。

虽然有威尔伯福斯的雄辩和反对奴隶制的压倒性证据，但是他依旧不能获得足够的票数来废除奴隶贸易制。

第二年，威尔伯福斯和他的朋友们让英国的人都意识到了奴隶制的弊病。诗人们发表了关于奴隶制的诗篇。一幅关于男人、女人和孩子如何被堆在奴隶船货舱里的版画被贴在商店橱窗里，挂在整个英格兰的酒馆墙上。反对奴隶制度的歌曲开始被传唱。相关的论文也被发表了。乔舒亚·威基伍德制作了一个浮雕，画面中有一个被锁链锁住的奴隶，上面写着："我不是一个男人和一个兄弟吗？"反对奴隶制的民众情绪很强烈，但仍然没有足够的票数来结束英国奴隶制。

二十年来，威尔伯福斯一直反对奴隶制。1787至1807年间，废除奴隶制法案被提交议会十一次，每次都失败。如果不是那些认可、支持的人的鼓励，威尔伯福斯可能已经放弃了。其中一位是约翰·卫斯理牧师。八十七岁时，卫斯理写了他临死前的最后一封信，寄给了威尔伯福斯。上面说：

亲爱的阁下：

除非神将你举起，如同那（一人对抗全世界）阿塔那修，否则我不知道你怎么能成就辉煌的事业，反对那羞辱宗教、英国和人性的可恶的邪恶丑闻。神若不在这事上助你一臂之力，你们就必因人与鬼的竞争而疲乏。但如果上帝支持你，谁又能反对你呢？他们加在一起能比上帝强大吗？行善莫怕烦！以上帝的名义，以他的力量，继续奋斗，直到英国奴隶制（曾经见过太阳的最邪恶的人）消失在他面前。

今天早上我读了一本非洲穷人写的小册子，上面的描述令我震惊：一个皮肤黝黑的人，被一个白人冤枉或激怒，是无法得到补偿的；在我们的殖民地上，黑人对白人的咒骂是没有用的，这是一条“法律”。这是什么恶行？

亲爱的阁下，那从年轻时就引导你，并帮助你在一切上继续坚强的是祈祷。

您恭顺的仆人

约翰·卫斯理

威尔伯福斯坚持了下来，因为他知道危在旦夕的是数百万人的生命。最终，1807年2月23日，在上议院提交并通过了《废除奴隶贸易法案》之后，下议院以283票对16票通过了该法案。威尔伯福斯梦想的第一阶段得以实现。他梦想的第二阶段在1833年得以实现：下议院投票决定在大英帝国废除奴隶制。虽然这又花了二十六年的时间，但那时，威尔伯福斯已经把接力棒交给了议会中的其他人。三天后，威尔伯福斯去世了。

惊人的影响

很难估计威尔伯福斯梦想的实现对世界的影响。很明显，它帮助了无数原本会被卖为奴隶的人。然而，作家埃里克·梅塔萨斯认为，废除奴隶贸易产生的影响更大。他说：

我们突然进入了这样一个世界，在这个世界里，我们再也不会问，扶贫济困是否是我们作为一个社会的责任。我们只会争论应该怎么做……一旦这个想法在世界上传播开来，世界就改变了。奴隶制和奴隶贸易很快就会被废除，许多较小的社会弊端也将被废除。历史上第一次出现了为各种可能的社会事业而成立的团体。

这就是为什么梅塔萨斯称威尔伯福斯为“世界历史上最伟大的社会改革家”。梅塔萨斯接着说：“1759年他出生的世界和1833年他离开的世界就像铅和金一样截然不同。威尔伯福斯引导了一次社会变革，正是这次变革改变了整个世界，使我们开始充分认识到它的重要性。”

不同时期关于意义的问题

我相信在年轻时很难明确回答意义问题。在生命的早期阶段，我们常常忙于发现自己的才能，探索自己的可能性，寻找自己的目标。这很好。但随着年龄的增长，我们越来越能积极专注于外部，去想象那些会造福他人而不仅仅是我们自己的梦想。对大多数人来说，这是一个过程。好消息是：帮助别人永远不会晚，大多数人往往在他们年长而不是年轻的时候，做出了最重要的贡献。

如果要我回答意义问题，我的梦想是否能够造福他人，我会分时期来看待这个问题。你可能也是如此。接下来，看看我是如何在不同时期看待意义问题的：

我想为自己做点有意义的事

当你读到这句话时，我敢打赌你认为这很自私，对吗？你的第一反应可能是不要这样做，尤其是考虑到本章的主题。我希望你不要那样做，因为这种情绪不一定只是自私。

例如，上次你乘坐飞机时，你可能听到过乘务员在紧急情况下的指示。如果飞机失去机舱压力，乘客需要使用氧气面罩，他们应该先做什么？戴上自己的面罩，然后帮助别人。为什么？因为如果你都没有照顾好自己，那帮助别人是不可能的。

我相信只有当一个人有可以贡献的东西的时候，一个重要的梦想才会得以实现。这意味着首先得满足自身的发展需求，这

我相信只有当一个人有可以贡献的东西的时候，一个重要的梦想才会得以实现。

样才能进一步为别人工作和服务。以威廉·威尔伯福斯为例，他的出发点是在议会中占有一席之地。他必须做到这样才能有所作为。就拿我建立教堂来说，我必须学习领导力，成为一个更好的沟通者，然后才能为人们增值。对你来说，这可能意味着你要发展一个职业，接受一个教育，或者挣到可以用来为他人服务的足够的钱。如果你没有做任何重要的事情来帮助自己，你将如何能够帮助别人呢?

当我在那些领导听众们面前演讲时，我经常问他们两个重要的问题：第一，“你做什么来投资自己？”第二，“你做什么来帮助别人？”除非人们先投资于自己，否则他们很难尝试帮助他人。你无法提供给别人你没有的东西。

我想为别人做点有意义的事

通常当我们开始自己的人生时，我们和威廉·威尔伯福斯一样。我们雄心勃勃。我们的目标是优先。我们想为自己的利益而取得成就。本田摩托车的创始人本田宗一郎表示，他早期的愿景并不是创办一家大公司或实现任何其他崇高的目标。他说：“我碰巧想到给自行车装个发动机，只是因为我不想坐拥挤的火车和公共汽车。”所有成功人士也是一样，总有一段时间他们不得不

你做什么来投资自己？你做什么来帮助别人？

做出选择。他们是要为自己爬上成功之山，还是先爬上成功之山，然后再下来，鼓励别人，帮助别人爬上去？

让我们面对现实：成功会导致人们自私。如果你充分发挥自己的天赋，努力工作，你可能会成为一个权谋家，只在乎“我能从别人那里得到什么”，而如果你成为一个梦想家，你会在乎“我能给别人什么”。

如果对于意义问题，你的回答是肯定的，那么你的梦想将能够造福其他人群，这也意味着你拥有一个正确的方向。但这并不意味着你需要拯救整个世界。你应该从小事做起，全力以赴。

最近我读了一本名为《来，做我的光》的著作。它收录了特蕾莎修女写给神父的许多发自肺腑的信件，比如她对自己生活的私人想法，以及呼吁为人类服务。

在一封信中，她写到了她创立的慈善组织传教士的潜在成功：

> 我不知道会有什么成功，但如果慈善的传教士给一个不幸的家庭，一个街头无辜的孩子带来快乐，为耶稣保持纯洁，或者使一个垂死的人欣然接受上帝，你难道不认为：阁下，为那人奉献一切是值得的，因为那人会给耶稣的心带来极大的喜乐。

如果哪一天你没有做好事，那么那一天就是被你浪费了。

——特蕾莎修女

很少有人会怀疑特蕾莎修女一生所造成的影响。她鼓舞了数百万人，她与总统或国王坐在一起，并向全世界树立了待人的榜样。然而，正如你所看到的，她帮助别人的梦想最开始其实很渺小，只是影响一个不幸的家庭、一个无辜的孩子或一个垂死的人。她曾说过：“如果哪一天你没有做好事，那么那一天就是被你浪费了。”

纳尔逊·曼德拉，另一个成功使其梦想产生巨大影响的人。起初，他只是为自己的自由梦想所激励。但不久，他的梦想扩大到帮助其他人去追求自由。他说：

我慢慢发现，不仅是我自己没有自由，我的兄弟姐妹也没有自由。我意识到不仅我的自由受到了限制，而且每个与我类似的人的自由也受到了限制。那时，我加入了南非非洲人国民大会，我的梦想变得更大，从渴望自身的自由变成渴望人民的自由。正是这种对人民能够过上有自尊生活的自由的渴望，激励了我的生活，使一个懦弱的年轻人变成了一个勇敢的人，使一个守法的律师变成了罪犯，使一个热爱家庭的人变成了一个没有家的人，使一个热爱生活的人变成了一个像和尚一样生活的人。

在完善一项发明时，我总要思考如何使之造福他人。

——托马斯·爱迪生

当曼德拉发现自己正处于人生的十字路口（一边通向个人利益，一边通向为人民服务）时，他毅然选择了帮助人们的这条更艰难、更崇高的道路。

你是否也面临这抉择？这并不意味着放弃你的梦想，而是要升华梦想！托马斯·爱迪生说："在完善一项发明时，我总要思考如何使之造福他人。"为了帮助别人，他没有停止发明。威廉·威尔伯福斯并没有为了帮助别人而退出议会，尽管他曾经考虑过。他们每个人都是首先发展自己，有所成就，然后再把这些东西奉献给其他人，造福人群。他们对人类同胞采取服务态度。

刚开始时，我们常常梦想着做一些改变地球的事情，而一想到要解决这些问题，我们就会感到害怕。这是另一个从小处着手的原因。对于意义问题，如果你正处于成长的第二阶段，不要试图帮助每个人，只要尝试帮助一些人。当你这样做时，你可能会发现自己正如阿西西的圣弗朗西斯所说："开始做必要的，然后做可能的事吧；突然间，你发现自己能做不可能的事。"但即使你从来没有做过大事，你也会在做正确的事情中找到极大的成就感。任何善举都是值得做的。

有付出才有回报，有回报才能继续付出。

我想和其他人做一些有意义的事情

已退休的电视新闻记者汤姆·布罗考说："赚钱很容易。要想有所作为要困难得多。"其中一个原因是，真正的改变需要团队合作。特蕾莎修女一个人并没有发挥巨大作用，纳尔逊·曼德拉和威廉·威尔伯福斯也没有。他们的梦想是巨大的，因此，他们需要许多其他人的参与，梦想才能得以实现。

想要和他人一起实现一个有重大意义的梦想，首先必须得让所有人拥有同一个梦想。同一个梦想、同一份追求，这是多么美好的礼物啊。如果你、我能与他人分享一个梦想，它将扩展他们以及我们自己的可能性。

在六十一岁时，当我回顾我的梦想之旅，我可以开心一笑。当我开始渴望给别人增加意义时，我几乎没有意识到这会给我自己本身增加意义！现在我明白了一个道理：有付出才有回报，有回报才能继续付出。我们的生活应该是河流，而不是水库。给别人增加价值是给自己的生活增加价值的最可靠的方法。

和别人一起追求梦想意味着一起练习，一起牺牲，一起工作，一起计划，一起交流，一起胜利，一起庆祝！多美好的事！这就是团队的意义所在。团队是一个组织，其成员有意从"为自己服务的团队"过渡到"为团队服务的自己"。把自己奉献给一个能为他人增值的事业，并与人们一起实现这个目标，是实现梦想的最高境界。

几年前，作家、演说家弗洛伦斯·妮蒂雅给我上了一课，让我印象深刻。为了发展梦想，积极应对意义问题，她提出了以下几个步骤：

敢于梦想——梦想意味着冒险，走出你的舒适区。

筹备梦想——格局决定成功。开头好才能万事好。做好准备才能使你的梦想成为可能。

怀揣梦想——带着它前进。梦想不是你生活的补遗。它是你的生活。

完善梦想——你需要持续不断的修正，才能让梦想继续。梦想需要持续的温柔关爱。

分享梦想——把它传递给别人。赋予别人所有权，然后一起实现梦想。

如果一个人的梦想不能造福其他人，那么它就不值得付出一生的精力。只有和别人一起实现的梦想才能带来最大的成就感，这就是我们需要帮助别人的原因。正如伍德罗·威尔逊所说：“你的生命并不仅仅是为了谋生，而是为了让世界上的人们生活得更充实，更有远见卓识，有更美好的希望和成就精神，为了丰富世界；如果你忘了自己的使命，你就会陷入困境。”

对于意义问题，你的回答是什么

中东有一个古老的祝福说：“当你出生时，你啼哭而世界欣喜。愿你活着，好叫你死的时候，世人哭泣，你欢喜。”这种祝福在我们的生活中是否成真，很大程度上取决于我们如何回答意义问题。

本章开头，我提到了《人生下半场》这本书，里面，鲍伯·班福德问道：“当你努力实现你的梦想时，从现在起的五十年、一百年、五百年会有什么不同？”本章提到的那些人的梦想，仍旧产生了影响。威尔伯福斯去世已经超过一百七十五年了，但是他的梦想依旧对人们存在着影响。如果你的梦想只对你有益，而对其他人没有任何好处，那么即使在你去世五分钟后，它也不会有任何影响。

你的梦想是什么？你在为生存而挣扎吗？你在寻求成功吗？或者你在追求意义？这是你自己的选择！你会把你的生命献给什么样的梦想？你可能听过这样一句话：“一天可以改变很多事情。”我们都知道事实的确如此。一个出生，一个死亡，一个婚姻，一个机会，一个悲剧，每一个都能在一天之内改变一个生命。但也可以说：“梦想可以产生巨大的影响。”有伟大梦想的人可以成为世界变革的催化剂。对于意义问题，你的回答可以是肯定的。每个人都不一样。多奇妙的梦想啊！

对于意义问题：我的梦想是否能够造福他人

你的回答是肯定的吗？

你现在处于人生的哪个阶段？

你只是在生存吗？如果是的话，是时候采取措施走向成功了。你不能给予别人你所没有的东西。通过为自己做一些有意义的事情，来创造可以服务于别人的基础和平台。如果你还没有实现你的梦想，那就行动吧！

你已经成功了吗？如果你已经成功了，那么也许你将马上面临一个十字路口，在那里你必须决定你是为自己还是为别人而活。你如何扩展你的梦想，让别人也参与进来，并帮助他们从你已经取得的成就中获益？

你在努力追求梦想实现后的意义吗？如果是这样，那么是时候把你的贡献提高到一个新的水平了。“1”是一个渺小的数字，根本无法成就伟大。延伸你的梦想，将别人纳入你的同盟中，引导其他人加入你的逐梦之旅。这将延伸你和他们的价值，并以一个更重要的方式造福更多的人。你觉得有必要或注定要做什么？你最有资格为谁服务？在这一生中，你怎样才能在最短的时间内为他人增值呢？

结语

对于这些问题，你能肯定回答得越多，那么实现梦想的可能性就越大。

回顾过去，展望未来

1969年，我开始梦想改变人们的生活。十年后，我开始思考我是否成功了。令我惊讶的是，我发现我帮助别人实现梦想实际上也帮助了我自己！

现在回首往事，一直以来的确如此。来看看梦想是如何帮助我的：

梦想帮助我集中精力。每当我想偏离我的目标时，梦想总是让我朝着正确的方向前进。

梦想帮助我前行。我常常想待在我的舒适区，但梦想总是把我从中拉出来，并向我发起挑战以使我继续成长。

梦想帮助我做出了选择。当成功的回报变得很高时，梦想鼓励我付出，提醒我成功没有捷径。

梦想使我坚持。我从来没有想过放弃梦想。那些停下来的人，不可能到达梦想的终点。梦想不会来到我们身边，我们必须去追逐它们。

梦想帮助我吸引了成功者。梦想的大小决定了被它吸引的人才的优秀程度。小梦想吸引小人物，大梦想吸引大人物。

梦想帮助我依靠上帝和其他人。我的梦想很远大。我需要上帝和其他人帮助我。他们做到了，大家都赢了！

你的梦想也可以为你做同样的事，但前提是你需要进行梦想测试，并且能够回答本书中的问题。

正如你所观察到的，在每个章节中，我都讲述了一个人的故事，他们的梦想奋斗历程突出了我所写的特定问题。我希望你觉得那些故事有用。实际上，我甚至可以用这些人的例子来阐述本书的其他任何一个章节。为什么这么说？因为如果被问到，大家对书中的十个问题都会做肯定的回答。再看看这些问题：

1. 归属问题：我的梦想是否确实是我的？
2. 清晰问题：我是否清楚地看到了自己的梦想？
3. 现实问题：我的能力是否足够实现我的梦想？
4. 激情问题：我的梦想是否在驱使我实现它？
5. 途径问题：我是否拥有实现梦想的策略？
6. 人的问题：我是否已经招募到实现梦想所需的人？
7. 代价问题：我是否愿意为梦想付出代价？
8. 坚持问题：我是否正在向梦想迈进？
9. 满足问题：我是否能在努力向梦想迈进中获得满足？
10. 意义问题：我的梦想是否能够造福他人？

每个人都拥有他/她自己的梦想。每个人都对梦想有清晰的愿景。他们都依靠自己的技能、天赋、努力工作和其他力所能及的因素去追求自己的梦想。他们都充满了激情，这种激情使他们必须去追求自己的梦想。每个人都有实现这一目标的策略。他们在别人的帮助下，付出了前进的代价，坚持不懈地努力，在为梦想成真而努力中找到了成就感。所有这些人都努力使梦想造福他人，而不仅仅希望梦想能给自己带来成就。

我之所以提到这一点，是因为我想提醒你，如果你想实现自己的梦想，你就不能只回答其中的一两个或几个问题。对于这些问题，你能肯定回答得越多，那么实现梦想的可能性就越大。这是件好事，因为当你实现梦想时，世界会变得更好。

我的梦想地图

我的愿望是帮助你画一张地图，然后你可以借助它来实现你的梦想。

绘制你的梦想地图

在写作和会议教学方面，我投入了三十多年的时间。我发现一个事实，那就是许多人很难接受一般的概念，并将它们应用到他们的实际生活中。不是因为他们缺乏智慧或欲望，而是审视自己，把原则付诸实践可能会让人望而生畏。这就是为什么我会在书中大部分都提及应用练习。

同时，我不想让人们陷入大量需要时间的活动中。对于那些读过我的书的人，我的建议是，如果应用程序练习有帮助的话，请使用它们，但是如果他们很容易就能想出如何将这些概念应用到自己的生活中，那就跳过这些练习。

但是，如果你为了应用从一本书中学到的东西，想深入研究并做大量工作呢？你如何将学习过程提升到新的水平？当你在阅读本书时，你想更深入地探究发现梦想的过程吗？

我的答案是：我的梦想地图。

要描述梦想是一件很难的事。因为梦想在实现之前，很抽象，就像云彩。而即使我们同时看着同一朵云彩，我们看到的东西也很可能截然不同。一阵风吹来，你最初看到的画面可能很快随之改变。随着时间的流逝，一天、一周或者一年，你可能最终都不记得你曾经看到过什么。这就是为什么你可以借助本书，使你的梦想更具体化。让我们面对现实吧：当谈到给梦想赋予声音和生命时，大多数人都需要一些帮助。

当我有创作《梦想的10道必考题》这本书的想法时，我没有马上提笔开写，因为梦想是模糊的。我见过太多的演讲者和作者用我认为是烟雾和镜子之类不真实的东西谈论梦想，提出“如果你拥有梦想，你就能实现它”这样的说法，但不是这样的！我梦想赢得NBA总冠军，但我保证这永远不会发生！

本书旨在帮助你发现和定义你的梦想。我的愿望是帮助你画一张地图，然后你可以借助它来实现你的梦想。如果你想深入研究或者你想帮助别人这样做，那么这本书将有助于创建你的梦想地图。你需要回答一些问题，你需要花些时间思考和记录，你需要和别人谈谈。如果你是一个有信仰的人，你还应该花些时间祷告。

从参加第237页的梦想测试开始。阅读《梦想的10道必考题》这本书（无论是通读或一次一个章节，或者就按你的方式读这本书吧），全书共有十个部分，每个部分都有一个涉及梦想测试的问题，你最起码需要参与其中一个过程。

需要多长时间呢？那取决于你。时间的长短会受到自我意识的影响，你对自己的优点和缺点的诚实程度、你的历史经验以及你在过去给这个话题投入了多少时间和精力的影响。梦想不值得你付出时间吗？相信我，你花的时间将是你对自己的投资。花几个星期或几个月的时间来大大提高你成功的概率是值得的。没有人能通过溜达而到达梦想的目的地，也没有人实现梦想全靠运气。不要缩短这个过程，也不要试图欺骗自己、脱离梦想。

那么，你准备好全力以赴了吗？你愿意为实现梦想而做那些艰苦、孤独、不光彩的工作吗？记住，开头好才能万事好。你可以发现你的梦想。你甚至可以实现你的梦想！

梦想测试

创建有效的梦想地图的第一步是了解起点。为了帮助你进行评估，请进行以下测试。这好比你需要首先在梦想地图上写下“你的起点”。

对于下面的每一句话，请写下最能代表你当前生活的分数（而不是别人认为你应该在什么位置，你希望你在什么位置，或者你希望有一天处于什么位置）。记住评分标准，每个问题的每个选项：否=0，有点=1，是=2。

1.关于归属问题：我的梦想是否确实是我的？

A. 如果我实现了我的梦想，我将是世界上最高兴的人。

B. 我已经公开地和其他人分享了我的梦想，包括那些我爱的人。

C. 我的梦想受到了别人的质疑，但我仍然坚持。

D.随着年龄的增长，我越来越确信我的梦想确实是我的梦想。

E.我相信我的梦想与我的人生目标是一致的。

本节得分____

2.清晰问题：我是否清楚地看到了自己的梦想？

A. 我可以用一句话来概括梦想的要点。

B. 我花了很多时间来详细定义我的梦想。

C. 我写了一些关于梦想的清晰描述，包括主要特点或目标。

D. 对于梦想是什么或者梦想是怎样的问题，我几乎都可以做出回答。

E. 我不止一次修改和书写我的梦想。

本节得分____

3.现实问题；我的能力是否足够实现我的梦想？

A. 我了解我最大的天赋和才能是什么，且我的梦想很大程度上依赖于它们。

B. 我目前的习惯和日常实践对梦想的实现起到了很大的作用。

C. 我希望实现梦想是我所做过的最困难的事情之一。

D. 我的梦想很可能实现，即使我不幸遭遇重要的人的忽视或反对，或遇到巨大的障碍。

E. 我愿意付出一切代价来实现我的梦想，只要它不违背我的个人价值观。

本节得分____

4.激情问题：我的梦想是否在驱使我实现它？

A. 我想不出有什么比实现我的梦想更能让我投入。

B. 我每天都在思考我的梦想，包括早上醒来或是晚上睡去的时候。

C. 即使我相信我不能完全实现我的梦想，但我仍然会为追求它而兴奋。

D. 至少最近一年，这个梦想会对我至关重要。

E. 当谈到我的梦想时，我在生活中表现出超越其他方面的更多的主动性。

本节得分____

5.途径问题：我是否拥有实现梦想的策略？

A. 我已经为如何实现我的梦想写了一份战略计划。

B. 我已经对自己的起点和实现梦想的途径做出了现实的评估。

C. 我清楚所有可用的资源，并将它们作为战略的一部分。

D. 我已经制订了具体的月度、年度目标作为计划的一部分。

E. 我已经和我所尊敬的三个人分享了我的梦想和计划，并得到他们的反馈。

本节得分____

6.人的问题：我是否已经招募到实现梦想所需的人？

A. 我经常和激励我的人在一起。

B. 我身边的人都会坦诚指出我的优点和缺点。

C. 我招募了一些技能互补的人来帮助我实现我的梦想。

D. 我已经找到了一种方式来向他人传递我的梦想，这种方式在逻辑上、情感上和视觉上相互联系。

E. 我通过在员工面前清晰地、创造性地投射愿景，以此来传递愿景。

本节得分____

7.代价问题：我是否愿意为梦想付出代价？

A. 我可以详细说出我为实现梦想已经付出的具体代价。

B. 为了实现我的梦想，我已经考虑过下一步要做什么。

C. 在我追求梦想时，我愿意面对别人的猛烈批评，因为我知道这对我有益。

D. 我的想法是我将一直为我的梦想而努力奋斗。

E. 不管怎样，我不会为了追求梦想而损害我的价值观、健康或家庭。

本节得分____

8.坚持问题：我是否正在向梦想迈进？

A. 我能说出我在追求梦想时已经克服的障碍。

B. 我对自己的梦想有一种主动的态度，我敢于采取大胆的措施来接近梦想。

C. 我每天都会做一些离梦想更进一步的小事情，即使这些很微不足道。

D. 我愿意做一些非常困难的事情来成长和改变，以实现我的梦想，为此，我已经做好了心理准备。

E. 当谈到我的梦想时，我拒绝接受否定的回答。

本节得分____

9.满足问题：我是否能在努力向梦想迈进中获得满足?

A. 为了梦想成真，我愿意放弃我的理想主义。

B. 我明白，对任何重要梦想的追求都会使人进入一个艰难的学习曲线，我准备愉快地面对它。

C. 我已经准备好并且愿意为实现梦想而工作多年甚至几十年，因为这对我来说至关重要。

D. 我的目标是“在通往梦想的路上”发现自己和世界，因为我知道这将有助于我继续前进。

E. 我热爱追求梦想，即使我失败了，我也认为我的人生过得很有意义。

本节得分____

10.意义问题：我的梦想是否能够造福他人?

A. 我可以坦诚地说，追求梦想使我能够从事更伟大的事业。

B. 如果我的梦想实现了，我可以说出除我以外其他从中受益的人。

C. 即使我没有实现我最终的梦想，我相信，总有人将在这一过程中得到帮助。

D. 我正在努力建立一个志同道合的团队来实现我的梦想。

E. 我为实现梦想所做的一切在五年、二十年甚至一百年后也是有意义的。

本节得分____

总计得分____

把每个部分的分数加起来，然后计算你的总分。

通过下面的答案看看你现在的起点。

91—100：你正在走你自己的路，你实现梦想的可能性很大。

81—90：你需要做一些工作，但你正朝着实现梦想的正确方向前进。

71—80：如果你想实现你的梦想，你需要做出重大改变。

70或70以下：你还有很长的路要走，实现梦想需要你做出深刻的反思和生活方式的重大改变。

第一章　归属问题：我的梦想是否确实是我的

每个人的梦想都始于某个起点。即使是最伟大的梦想，最惊天动地的成就，最开始也只是一个概念，一个在某些人心中的想法。

是什么让梦想有价值？你需要问问自己。一个梦想的可实现性并不主要取决于它的规模或范围，也不取决于单个梦想者的才能，正如它并不取决于个人对它的所有权一样。一个实现梦想的人，必然是一个全心全意拥有梦想的梦想家。只有当你真正拥有你的梦想，你才有机会到达你想去的地方。

你的起点

在梦想测试归属部分，你的分数是多少？这个数字（在可能的10个数字中）代表了你对梦想的所有权水平。你对此有何反应？花点时间反省一下，写下它代表的意义作为你的起点。

建构梦想

写下梦想的初稿。你不需要让它变得漂亮或完美，只需要把基本的想法写在纸上，然后尽可能具体一些。

寻求建议

当你努力解决梦想问题并创建你的梦想地图时，你需要与那些在逐梦旅途中遥遥领先的人交谈。如果非要我说出一个对我的成功影响最大的行动，特别是在我职业生涯的早期，那就是采访成功人士，使我能从他们身上学习。我强烈建议你贯彻我关于采访的建议。如果你这样做了，在你读完梦想地图的每一章后，你将采访十个或更多成就高于你的人。

对于归属问题，尝试和一些已经实现梦想的人见面交流。把你要问的问题写在这里。一定要问一些关于他拥有梦想的问题，特别是对于他的早期阶段。在剩余空白处记下他的答案。

赋予梦想地图生命

开始读一本传记，写一个在你梦想的相似领域实现梦想的人。（你可能想让阅读传记成为来年的常规做法。）从你读到的内容中记录重要的观察结果。

日志记录

在接下来的几天或几周，我们要努力解决归属问题。在你思考和写作时，一定要回答以下问题：

你为什么要实现这个梦想？

为什么你是这个梦想的合适人选，或者说为什么这个梦想适合你？

什么样的天赋、优势和个性特征能帮助你实现这个梦想？

你对自己的梦想做了什么样的研究？

你最早意识到自己想实现这个梦想是什么时候？

在你的生活或个人阅历中有没有其他人也拥有相同的梦想？

如果是这样，假设某一天你实现了这个梦想，你和其他人谁会更快乐？（注：如果你回答说其他人会更快乐，那你需要留心了，你的梦想很可能不是你的梦想。）

如果你不能追求这个梦想，你会怎么样？

如果你追求梦想却没有成功，你会怎么样？

如果你实现了这个梦想，你的生活会发生什么变化？

观察结果和结论

从日志记录中，对于你的梦想和归属问题你学到了什么？

规划你的方向

你必须改变什么才能在归属问题方面达到10分？

把它写下来，并融入你的日程表和日常工作习惯中。

第二章　清晰问题：我是否清楚地看到了自己的梦想

有人说：“如果你能看到它，你就能抓住它。其实并不总是如此。相反，事实是，如果你看不见它，你就不会抓住它。只有看清楚了，你才能实现梦想！”

使梦想变得清晰、具体是非常困难和耗时的。在梦想地图中，本章节可能需要你花最长的时间来完成。不过没关系，因为实现梦想可能要花很多年。花几天、几周甚至几个月的时间使梦想变得清晰并不会阻碍你前进的步伐。实际上，这样做会帮助你更快实现你的梦想。你无法到达一个不确定的目的地。此外，如果你的梦想是模糊和不确定的，你就不会去做那些可能使梦想成真的事情。如果一个梦想值得追求，那么它就值得定义。从现在起，花点时间，使你的梦想尽可能清晰和具体。

你的起点

在梦想测试中，对于清晰问题，你的得分是多少？这个数字（在可能的10个数字中）代表了梦想的清晰程度。你认为你所获得的测试得分是合理的，它能代表梦想的清晰度吗？如果你的分数低于9，那么写下你为什么认为自己的梦想不够清晰的原因。

建构梦想

是时候将你的梦想愿景提升到下一个水平了。尽可能详细地描述你的梦想。梦想可以很远大，但同时也要具体。用文字描述一幅画面，适当使用数字。描述实现梦想时你所要获得的成就，以及你对于梦想的感受。尽可能多地描述梦想涉及的所有细节。

寻求建议

为了回答清晰问题，你可以和一个实现了你认为几乎不可能的梦想的人聊聊。在这里写下你将要问的问题，特别要注意在实现梦想之前他（她）对于梦想的清晰程度。问他（她）有没有什么特别的方法可以看到梦想的愿景。记下他（她）的答案。

赋予梦想地图生命

想想人类历史上最大胆的梦想吧，在你看来，这些梦想是最非凡或最有趣的吗？花些时间研究那个有梦想并实现梦想的人。特别要注意他（她）是什么时候清晰地看到梦想的愿景，以及这是如何影响实现梦想的过程的。记录你的观察结果。

日志记录

在接下来的几周，好好想想你的梦想，尽可能多地给出细节。在你思考和写作时，请确保回答以下问题：

你的梦想充分利用了你的环境和机会吗？
从情感上来说，你认为梦想如何？它与目标一致吗？
你的直觉告诉你有哪些关于梦想的正确要点？
你的梦想和你的人生目标一致吗？
如果没有，你怎么能调整你的梦想，使之一致？
你独特的生活经历在你实现梦想的过程中起作用了吗？
你是否允许那些激励你的东西，如音乐、书籍、电影、照片、名言等等，为你的梦想做出积极的贡献？

你有没有和其他实现类似梦想的人谈过？

如果没有，你能找到办法吗？

你怎么能为你的梦想补充更多细节？

观察结果和结论

从日志记录中，对于你的梦想和清晰问题你学到了什么？

规划你的方向

现在你已经投入精力写日记，和成功人士交谈，并做了一些研究，那么是时候重写你的梦想了。虽然这看起来很乏味，但不要跳过这一步！你的目标是用两种不同的方式表达你的梦想：

首先，用具体的目标详细描述它，就像迈克·海特那样。（如果需要的话，重读“梦想测试中清晰问题”部分。）

其次，用一个简单明了的句子描述你的梦想，这样你就可以很容易地将其写在名片的背面。这样做是因为，如果你在乘坐电梯时，你的偶像也上了电梯并问你你的梦想，你就能在电梯到达目的楼层之前陈述你的梦想。

做完这两件事后，把梦想的书面副本放在你每天都能看到的地方。

第三章　现实问题：我的能力是否足够实现我的梦想

成就伟业的人既是梦想家又是现实主义者。他们看到并拥有一个世界上除了他们以外其他人都难以相信的愿景。同时，他们找到了一种方法帮助他们弄清楚他们是谁以及他们的起点如何等问题，他们敢于直视事实。

本部分需要你仔细审视自己。你不仅需要诚实地评估你的个人优势，还需要评估你目前的不足之处。你不能无视现实去实现梦想。然而，如果你的梦想对你来说是正确的，你不能让现实阻碍你。这是一个不错的方向，但你必须掌握技能，才能到达你最终想要去的地方。

你的起点

在梦想测试现实问题部分，你获得的分数是多少？这个数字（在可能的10个数字中）代表了梦想的现实程度。如果你的分数很高，你可能没有多少工作要做。如果你的分数特别低，你将需要参与一系列过程中去，而这可能需要一些时间。这一章只是你的起点，但没关系，努力工作是你实现梦想所必须面对的一个现实。

写作时，解释你开始追求梦想的时刻，描述你所看到的起点和目标之间的差距，你希望克服哪些障碍才能到达你想去的地方？

建构梦想

面对现实的第一步是评估你的长处和短处。如果你在过去的两年里没有这样做过（或者你从来没有这样做过），那么现在就做。我强烈建议你从力量发现和个性测试开始，比如MBTI职业性格测试或人类行为语言。如果你的梦想需要领导力，那么你可以看看《领导力21法则》最新修订版本中的评价。如果你是基督徒，我建议你参加一个属灵恩赐测试。如果你的梦想与你的职业有关，并且有与之相关的评估，那么就接受它们。明白了吧，不要排除任何可能对你有益的事情。

一旦你在某个领域进行了一些探索，记得写一份涵盖所有这些信息的总结。一定要确定你的前三到七个优势，并记下你最薄弱的领域。

寻求建议

联系熟人圈子中了解你和你的工作的最有成就的人，请他评估一下你的优点和缺点。在见面之前，提前向对方提出下列问题，以便他能思考答案。

1.你认为我最大的优点是什么？（至少列举三个）

2.你认为我在哪些方面最有成效？

3.什么样的技能或才能可以使我在个人或专业上独树一帜，

进而取得成功？

4.如果我不得不把注意力集中在未来的某个领域，你认为哪一个最有潜力？

5.我在哪些方面能给别人增加价值？

6.你认为我在与人共事时需要改进哪些方面？

7.我最大的弱点是什么？（列举三个）

8.你认为这些弱点会破坏我的事业或个人生活吗？

9.从1—10分（其中10分最高），我能学习和成长到什么水平？

10.为了帮助我实现梦想，你会给我什么建议？

见面时，回顾每个问题，然后听对方回答。如果你需要进一步弄清楚他给你的某些答案，你可以问一些后续问题。但是，你不能为自己辩护，也不能为你过去的行为找借口，否则，你可能得不到诚实的反馈。如果你是一个高度情绪化的人，在会面过程中假装你在玩扑克，你不想让被采访的人知道你的想法和感受。关键是倾听和学习。

记下答案。如果你觉得你没有收到足够的或准确的信息，那就安排与其他人的会面，并重复这个过程。

赋予梦想地图生命

成功人士成功的一个秘诀是他们依靠自己的力量。年纪越大，注意力就越集中。在我职业生涯的早期，我感觉我好像什么都做了。而如今，我专注于做四件事：沟通、创造、社交和领导。

为了缩小“现在的你”与“实现梦想的你”之间的差距，你必须创造并遵循一个个人成长计划。首先确定你的五大优势。接下来，描述这些优势与实现梦想之间的关系，需留意你的能力中是否有任何难以或不可能改善的弱点。如果有的话，你需要参考“人的问题”一章提到的通过招募人才、补充你的优势来解决这个问题。

制订一个基于五大优势的一年成长计划。在接下来的一年里，读两本与每个优势相关的书。然后分别计划与在这五大优势方面最为杰出的人会上一面。每周学一个与你的五大优势内容有关的播客或CD课程。

你会发现你的成长计划总是集中在你的优点上。不过，这条规则有一个例外，那就是性格缺陷会阻碍你取得成功。如果你在这个过程中发现自己某个弱点与性格有关，你需要找一个导师来帮助你解决这个问题。你没办法仅靠自己就能成功解决性格问题。

日志记录

在接下来的几天或几周，花时间解决一些现实问题。在你思考和写作时，一定要回答以下问题：

一个渴望实现梦想的人需要什么样的品质？

这种人通常有什么背景和经历？

你需要掌握哪些技能才能缩小与梦想之间的差距？

你需要多长时间才能掌握这些技能？

拥有这些经验和获得这些技能需要付出什么代价？

为了成为一个能够实现梦想的人，你必须从今天开始培养什么样的习惯？

你尊敬的人肯定你是或者有潜力成为一个能够实现这个梦想的人吗？

你希望在实现梦想的过程中遇到的最大障碍是什么？

你期待多长时间后就能实现你的梦想？

你需要在哪些方面不断努力？

观察结果和结论

从日志记录中，对于你的梦想和现实问题你学到了什么？你需要培养什么样的习惯才能成为一个能够实现梦想的人？写下来。

规划你的方向

既然你已经努力发现自己的优势，并花时间思考和写日志记录，那么现在请再次确认你的成长计划是否已经步入正轨。如果是的话，把它列在你明年的日程表上，同时计划如何培养有助于你成功的习惯。找出你需要养成的五六个习惯，连续坚持每个习惯至少60天。

第四章　激情问题：我的梦想是否在驱使我实现它

激情是给成功人士提供继续追求梦想的能量。如果没有十足的激情，在科学、医学、艺术、技术或个人成就方面就不会有什么进步。

激情很难进行衡量。当你看到激情时，你可能会认出它。但你如何衡量它呢？你如何衡量你的激情水平？也许更重要的是，如果你的激情水平不够，你要怎么做，才能提升你的激情呢？尽管这可能很困难，但你必须要学会处理这些东西。

你的起点

在梦想测试激情部分中，你的得分是多少？这个数字（在可能的10个数字中）代表了当你提及梦想时，你有多少激情。另一种判断激情的方法是用激情量表来测试你的梦想。想想你的梦想，然后用这个量表来衡量你对梦想的激情。具体如下：

10.我的激情是如此的炽热，甚至点燃了别人的热情。

9.我无法想象没有梦想的生活。

8.我愿意为此牺牲其他重要的东西。

7.我被它点燃了，而且它常常耗费我大量的精力思考。

6.我喜欢它，因为它是众多兴趣之一。

5.我可以做也可以不做。

4.我宁愿不去想它。

3.我特意避开它。

2.我把它列在我最不喜欢的东西的单子上了。

1.我宁愿在没有麻醉的情况下做根管手术。

如果你的分数很低（低于8分），你需要努力提高你的激情；如果你的激情水平很高，你的目标应该是保持你的激情。

建构梦想

激情从何而来？它来自于内部，但它是什么产生的呢？首先，拥有激情是一种选择，你必须选择成为一个充满激情的人。如果你的个性是保守或者完美主义式的，这一点尤其重要。其次，那些能够发掘对自己真正重要的东西的人，热情会高涨。

花点时间思考以下问题：

是什么使你唱歌（给你欢乐）？

是什么让你哭泣（触动你的心）？

是什么使你前行（给你能量）？

寻求建议

对于激情问题，与你认识的最有激情和活力的成功人士见面聊聊。在与这个人会面之前，写下与激情相关的问题。你的目标是了解什么使他（她）兴奋，以及他（她）如何利用自己的能量。写下你的问题和你得到的答案。

赋予梦想地图生命

发掘激情最有效的方法之一就是确定你的人生目标，并确保你与之保持一致。

如果你还没有这样做，就去做些研究，找一本你能从中发现自身独特的、天赐般的目标感的书。市场上有许多这样的书。当你解决这个问题时，试着写一个句子来说明你成功的原因。

日志记录

在接下来的几天或几周，把激情问题解决掉。在你思考和写作时，一定要回答以下问题：

你在生活的哪些方面表现得尤为主动？

如果你只能用余生做一件事，那会是什么？

什么样的活动通常会消耗你的精力？

什么活动给你能量？

什么议题或目标总能点燃你？

你的目标，给你能量的东西，和你的梦想有什么关系？

如果它们现在没有联系，你如何让它们联系起来？

怎样才能把更多的激情活动纳入你的日常日程？

你需要对你的梦想做一些小调整，你的激情同目标或梦想一致吗？

如果你认为你确实需要做出改变，你要做些什么？

观察结果和结论

从日志记录中，你学到了什么？你的目标、激情和梦想是否一致？如果不一致，那么你可能需要重新审视“清晰问题”。在进入下一章之前，先把这件事给做了。在对你的梦想做出调整时，不要犹豫，这样你就不会浪费时间为一个不适合你的梦想制订策略。

规划你的方向

保持对梦想的激情是很困难的。你要怎么做呢？我的建议如下：

1.远离消极的人。当你周围都是消极沮丧的人时，你很难情绪高涨。

2.和有激情的人待在一起。多年前，自由大学的教授兼院长埃尔默·托尔斯教了我拨火棍原理。把拨火棍烧热的方法是把它放进火里，而保持对梦想的激情的方法是和其他对梦想充满热情的人在一起。

3.使用视觉提醒来帮助你始终处于正轨。把一张与你的梦想相关的照片放在你每天都能看到的地方。如果你是一个有信仰的人，请上帝帮助你保持对正确事物的热情。如果上帝在你心中放了一个梦想，他会帮助你完成它。

第五章　途径问题：我是否拥有实现梦想的策略

如果你已经完成了重新审视自己以及自己的梦想，确认那确实就是你的梦想，并且敢于直视实现梦想所面临的现实，那么接下来你可以准备思考实现梦想的策略了。请记住，一个好的策略只是梦想奋斗的起点，你必须保持灵活性，策略需要随着实际变化而变化。在你想好了实现梦想的策略后，你需要制订至少每年重新审视一下你的策略的计划。

你的起点

在梦想测试途径部分，你的分数是多少？这个数字（在可能的10个数字中）代表了你为制订实现梦想的战略所付出的努力程度。当你刚开始拥有一个全新的梦想时，不要焦虑你在制订策略上所付出的努力是否太低。此外，在你花费精力制订策略之前，你要确定自己拥有正确的梦想。现在马上开始这一过程吧。

想想你的战略思维能力。这是你生活中某些方面的一种优势吗？如果是，请跳到下一步。如果不是，考虑谁可以帮助你完成这个过程。

建构梦想

当你解决现实问题时，你会重新审视你的起点。用一句简洁的话描述你现在的处境。接下来，用一个简洁的句子写下你的梦想。

一旦你完成了这两件事，写一个工作策略来缩小现实与梦想之间的差距，这可能会花费你较多时间。（请注意，你必须在本章“寻求建议”中采访某人之前或之后决定是否完成本部分。）

你的起点。

你的梦想。

如何缩小差距。

寻求建议

在你所认识和钦佩的所有人中，谁拥有最好的战略思维？和那个人约个时间，让他知道你想采访他，并得到他对你的新战略计划的建议。如果此人有时间，请单独预约两次，以便在第一次会面中，你可以在完成“建构梦想”之前询问他如何制订策略。在第二次会面中，你可以给他你的工作计划，让他给你反馈（利用第一次会议的信息来制订你的计划），表达你希望用他的建议来改进计划的想法。

把采访的问题和他反馈的答案一起写下来。

赋予梦想地图生命

再看看你的策略。如有必要，请根据你获得的建议进行修改。确保你的计划是基于一系列具体的目标，目标的顺序是正确的，并且顺序中没有空白或遗漏的步骤。（这可能感觉有点像在玩拼图游戏。）

然后估计完成每一步所需的时间和资源，并写下你的计划。在每一步后面，写下完成它的预期时间范围，并总结需要哪些资源，如资金、设备、机会等等。

在本书的后两部分，你将被要求审视你需要什么样的帮助，以及你必须付出的代价是否值得。不要着急评估这两个因素。现在，你只需要把你的策略细节写下来，因为你为了实现梦想所需做的剩余工作大部分取决于你现在所做的事。通过全方位地考虑梦想策略，你正在创造一条通往梦想的道路。

日志记录

在接下来的几天或几周，思考实现梦想的策略。在你思考和写作时，请考虑以下问题：

其他人是否使用相同或相似的策略来实现他们的梦想？

有没有你以前没有考虑过的现成的解决方案？

计划中的哪些步骤或目标充分发挥了你的优势和才能？

哪些步骤最难完成？为什么？

当你计算完成梦想所需的总时间时，你的反应是什么？你认为值得吗？

如果你花了比你预期更长的时间去实现你的梦想，在什么时候你认为梦想不再值得你追求？

什么资源是你现在缺乏并且很难获得的？

你有没有把获取这些资源的策略作为计划的一部分？

在执行战略时，你如何让自己始终处于正确的道路？

观察结果和结论

从日志记录中，对于你的策略你学到了什么？根据你的发现，你需要在你的策略中加入哪些细节？

规划你的方向

迈出计划的第一步，把它分解成具体的带有截止日期的任务，并将它们纳入你的日程和待办事项列表。把清单上的最后一个任务作为一个提醒来回顾你的整体策略，然后用同样的方法分解下一个任务。

第六章　人的问题：我是否已经招募到实现梦想所需的人

诗人约翰·邓恩写道："没有谁是一座孤岛，在大海里独踞。"我们与他人的联系是不可否认的，懂得自己在生活中的角色是帮助他人和被他人帮助，会比试图独自实现梦想更能让自己处于一个有利的位置。

本节中，你将被要求审视你现有的团队成员，哪些人应该纳入你的团队，以及如何邀请他们进入你的团队并帮助你实现梦想。你必须诚实地处理这个问题，这个过程不应该是操纵性的。你的目标是找到那些你们能互相成就梦想的人。

你的起点

在梦想测试人的问题中，你的得分是多少？这个数字（在可能的10个数字中）即是你在探讨"人的问题"时的起点。即使你的分数很高，我也鼓励你全力以赴改善你的团队，不可能总有足够优秀的人想帮你实现梦想。

列出你认为是团队成员的人。他们可以是真正的队友或员工、家人、朋友、导师、合作伙伴或者任何帮助你在梦想中前进的人。在每个名字旁边写一个短语，描述那个人是如何帮助你的。

建构梦想

现在你需要做些分析。首先，看看你的清单，看看上面是否有人能激励你，帮助你指明方向。如果有，他们是对的人吗？人足够多了吗？如果答案是否定的，写下你需要的其他人。

其次，看看你在“路径问题”一章所写的策略。在实现梦想的每一个过程中，你需要什么样的人来帮助你？好好想想这个问题。当然，你无法预测你的所有需求，但你要尽可能地全面，因为你可以根据每个步骤或阶段的角色或贡献创建一个你所需之人的列表。如果你希望团队中有特定的人员，把他们的姓名一并写出来。

最后，将那些你希望在追求梦想的路途中陪伴在你左右，并且能把鼓励你、告诉你事实的人的名单给列出来。

寻求建议

在你的职业或熟人圈子里，谁组成了最好的团队？试着和她约个时间见面聊聊。见面之前，想好对于她早期的招聘经历，她发现人才的方式，以及她如何沟通愿景并邀请别人加入团队等你所想要问的问题。把问题写下来。

赋予梦想地图生命

在尝试招募人才之前，你必须学会有效地传达你的梦想，这样你才能在逻辑上、情感上、视觉上传达你的愿景。读一本关于视觉交流的书来帮助你完成这个过程，然后在这里写下你的愿景，这样它就会与其他人联系起来，并且你也能将其牢记于心。练习传达你的愿景，直到你可以在任何时候都充满激情和技巧。

日志记录

在接下来的几天，思考与梦想有关的人的问题。在你思考和写作时，一定要回答以下问题：

当你想到你的梦想时，你会自然而然地想到招募别人吗？

如果不是，你能做些什么让自己更以人为本？

怎么能让那些帮助你实现梦想的人从中受益呢？

你怎样才能调整或发展你的梦想，使之对帮助你的人更有利？

是否可以在帮助别人实现梦想的同时，让你自身受益？

怎样才能扩大你的人际网络，使更多的人才帮助你？

是谁在情感上支持你，让你拥有追求梦想所需的一切？

为了减少消极的人对你的影响，你能做些什么？

你如何确保追求梦想对你的家庭是有益的？

观察结果和结论

从日志记录中，对于你的梦想以及人的问题你学到了什么？你需要对你的梦想或你的策略做些什么（如果有的话），以使你的梦想为他人和你自己赢得胜利？

规划你的方向

在你确定了你需要谁来帮助你完成旅程的第一个目标或阶段后，你就需要考虑招募他们。你怎样才能得到他们的支持？目前有哪些障碍，以及你将如何克服它们？

写下你寻找和招募团队的计划，并为每一步设定最后期限。

第七章　代价问题：我是否愿意为梦想付出代价

大多数人想到我们的梦想时，会把注意力集中在利益上。我们想象梦想将为我们带来一切美妙的事情，以及绝佳的机会。这可能会激励我们，但无助于我们真正向前迈进。要做到这一点，我们必须愿意付出代价。

你的梦想会让你付出什么代价？你是否充分考虑到了这一

点？你愿意付出什么代价？同样重要的是，你不愿意付出什么代价？本章集中回答这些问题。

你的起点

在梦想测试中的代价部分，你的分数实际上是一种衡量你意识到梦想会让你付出代价的方法，同时也表明了你到目前为止付出了什么代价。所以即使你的分数很低，也不要焦虑。因为你可以改进，只要你计算好梦想的成本，并明白哪些代价是必要的。然后花点时间反省你对为梦想付出代价的态度，试着评估你对下一阶段的准备情况。

建构梦想

回顾你在第五章中为实现梦想而制订的策略。这个过程中的每一步都会让你付出代价。回去看看实现梦想所需之人的名单，与他们合作也会有代价。接下来你需要开始评估这些代价。

对于每一步和每一个人，用你能想到的任何一种术语写下你将要付出的代价：时间、金钱、精力、健康、资源、机会等。

寻求建议

与你敬佩的、在你的职业领域或兴趣领域领先于你的人约个时间，对他进行采访。这次的任务很简单，那就是问他为了实现自己的梦想，必须放弃什么；问他如果你想实现你的梦想，他认为你必须付出什么。然后把答案记下来。

赋予梦想地图生命

想想你最崇拜的四五个人。他们可以是熟人、公众人物或历史上的某个人，他们为了实现梦想付出了什么代价？如果你不确定，就研究一下。

对于他们所牺牲的东西，你发现有什么共同点吗？你认为他们追求梦想的过程和你的有什么相似之处吗？记录你的观察结果。

日志记录

在接下来的几天或几周，努力解决代价问题。在你思考和写作时，一定要回答以下问题：

你愿意为你的梦想付出多少？

除了别人已经告诉你的和你自己确定的代价之外，你还愿意放弃什么来实现你的梦想？

在实现你的梦想时，你不愿意付出什么？

你愿意现在就开始付出代价吗？

你愿意为你的梦想付出多少时间？

你周围的人应该为你的梦想付出什么代价？

你跟他们谈过这个代价吗，他们愿意付出吗？

当你追求梦想时，你是否真的愿意面对别人的批评？

如果实现梦想的代价太高，你会如何回应？

如果代价太高，你不得不放弃对梦想的追求，那么对你最亲近的人会有什么影响吗？

一旦你实现了你的梦想，你愿意付出什么来保持它？

观察结果和结论

关于你自己和你的梦想，你学到了什么，你得出了什么结论？将它们写下来。

规划你的方向

思考下一阶段的战略、所需的人才和代价，写一个付出代价的行动计划，并安排一个时间和流程，以便在随后的阶段或目标中做到这一点。

第八章　坚持问题：我是否正在向梦想迈进

卡尔文·柯立芝说："成功来自坚持和勤奋，世界上没有什么能取代坚持。才华不会，世上最多不过的就是有才华的失败者；天才不会,一无所获的天才几乎成了一条谚语；教育不会，世界上到处都有受过教育的穷光蛋。只有坚持和决心是无敌的。

‘坚持到底’这句口号，在人类史上无论是过去还是未来的问题，都可以用它来解决。”

你有美国第三十任总统所描述的思维定式吗？你有坚持下去的意志吗？我希望你有，因为如果你缺乏毅力，你为实现梦想所做的一切都可能是徒劳的。不要因为缺乏追求梦想的坚持而使梦想落空。你要去做你必须做的事。

你的起点

如果你在开始阅读本书之前参加了梦想测试，那么你在坚持部分的分数很有可能已经得到了提高。在你回顾你的分数之前，重做那部分测试。（记住评分标准：否=0，有点=1，是=2。）

A.我能说出我在追求梦想时已经克服的障碍。

B.我对自己的梦想有一种主动的态度，我敢于采取大胆的措施来接近梦想。

C.我每天都会做一些离梦想更进一步的小事情，即使这很微不足道。

D.我愿意做一些非常困难的事情来成长和改变，以实现我的梦想，为此，我已经做好了心理准备。

E.当谈到我的梦想时，我拒绝接受否定的回答。

记下你目前的分数，并与上一个相比较。如果你的分数提高了，那么代表着你已经成长了。祝贺你！特别是，我想看看对于

C点——我每天都会做一些离梦想更进一步的小事情，即使这很微不足道。如果你没有得到2分，你可能已经在对你的梦想进行思考和学习，但很明显你做的努力还不够。

建构梦想

如果你没有尽可能地采取行动实现你的梦想，那么你需要进行头脑风暴，思考为什么对自己认为重要的事情却没有采取行动，然后把原因写下来。

寻求建议

你认识的最顽强的人是谁？他们拒绝放弃任何对他们重要的事情，他们克服了难以置信的困难。想两个到四个最能展现这种品质的人，邀请他们共进晚餐或午餐，问问他们是如何做事的，以及他们内心燃烧的激情。计划抛出一两个问题让他们讨论，然后做笔记并提出后续问题。

赋予梦想地图生命

读读那些克服了不可思议的困难，完成了自己所追求之事的人的传记。在这里记录下你观察到的重要结果。

日志记录

在接下来的几天或几周，努力解决坚持问题。在你思考和写作时，一定要回答以下问题：

你天生是一个实干家还是一个思考者？（提示：如果路径问题对你来说非常简单，那么你可能更善于思考。）

如果你倾向于思考，你能做些什么使自己更积极主动？

对完美的渴望会阻止你采取行动吗？

如果是的话，你能做些什么来克服这些障碍呢？

你每天能采取什么行动让自己进入一种更积极的心态？

你的生活中是否有积极的人，你可以和他们一起做更多的事情？

哪一个对你更有吸引力？一、一个大胆的行动会让你向前迈出一大步。二、许多日常的小行为会让你离目标更近。

你怎么知道？

梦想的哪一方面让你最为兴奋？

你怎么能利用这种热情使你更顽强呢？

观察结果和结论

从日志记录中，对于你的梦想你学到了什么？

规划你的方向

花点时间为自己写一份坚持宣言，把它贴在你每天都能看到的地方，然后承诺每天都做一些事情——不管这件事情多么微小——因为这会让你更接近你的梦想。

第九章　满足问题：我是否能在努力向梦想迈进中获得满足

追求一个让你痛苦的梦想值得吗？我认为不值得。我相信目标和成就是一致的。上帝不会犯错。你被创造的目的，使你满意的东西，你的梦想，都应该是一致的。如果它们不一致，那么你在追求梦想的过程中就会错过一些东西。

本章是关于确认你确实在追求一个正确的梦想。如果在本书的最后，你得出的结论是，你没有从努力实现你的既定梦想中获得满足，那么你将需要回到最开始，重新开始整个过程，从“归属问题”一章开始，这比花更多时间追求错误的梦想更明智！

你的起点

在梦想测试满足部分，你的分数是多少？如果是9分或10分，那就直接跳过这一页。如果不是的话，现在重做这个稍微修改过的版本，看看你在前几章中所做的工作和对自身思维所做的调整是否改变了你的分数（把你的答案分为：否=0，有点=l，是=2）。

A.为了梦想成真，我愿意放弃我的理想主义。

B.我明白，对任何重要梦想的追求都会使人进入一个艰难的学习曲线，我已经准备好面对它。

C.我已经准备好并且愿意为实现梦想而工作多年甚至几十年，因为这对我来说至关重要。

D.我愿意把自己的发现作为实现梦想的一个目标，因为我知道这将有助于维持我的生活。

E.我热爱追求梦想，即使我失败了，我也认为我的人生过得很有意义。

两个分数比较起来如何？（本版本中的问题B和D的措辞是表示愿意从成长中获得满足；在原始版本中，它们表示有意从成长中获得满足。）你的分数有什么不同，如果有的话，给自己说说有什么不同。记录你的观察结果。

建构梦想

把生活中给你最大成就感的事情列一张清单。完成列表后，考虑如何将那些喜爱的活动与追求梦想联系起来。

寻求建议

约见一个你钦佩的似乎对自己工作非常满意的成功人士。计划提出一些问题，这些问题与此人的工作成就感，以及他如何处理职业生涯未带来成就感等。写下你的问题和笔记。

赋予梦想地图生命

只有拥有正确的梦想才能产生成就感吗？还是它很大程度上取决于一个人的态度？

花点时间考虑态度在获得成就感中所起的作用，评估你的态度，并写下具体的方法，你可以改善你的态度，使追求梦想的过程变得更愉快。

日志记录

在接下来的几天或几周，思考并写下关于成就感的问题。同样，请回答以下问题：

过程和目的地，哪一个对你更重要？

你对实现梦想可能耗费的时间持何态度？

从梦想诞生到梦想的实现，在这之间你能做什么保持自己的成就感呢？

作为一个人，当你追求梦想时，你的成长在你的成就感中扮演了什么角色？

如果梦想应该发挥更大的作用，你必须在生活中做出怎样的改变才能有这种调整？

对梦想的追求是否会让你一路上发现并实现其他的小梦想？

你如何庆祝你一路上所取得的进步？

失败在成功中扮演什么角色？

你如何处理你的错误和缺点？

过去你是不是太理想化了？

如果是的话，你能做些什么调整来帮助自己？

观察结果和结论

从日志记录中，对于你的梦想你学到了什么？

规划你的方向

再次评估追求梦想时你所获得的满足程度。如果成就感仍然太低，无法使你长久维持去追求梦想，那就找3个你身边的人谈谈这个问题，请他们帮你弄清楚是否存在下列任一问题：

1.错误的梦想。

2.消极的态度。

3.不切实际的期望。

4.冲动的情绪。

5.与你的价值观相悖。

然后让他们帮你制订一个行动计划来解决这个问题，并将这个行动计划写下来。

第十章　意义问题：我的梦想是否能够造福他人

如果一个梦想对自身以外的任何人无益，那么这个梦想值得人们去追求吗？最终，我相信答案是否定的。我相信，一个值得你奉献一生的梦想必定是一个能够造福他人的梦想。

在本书的最后一部分，你需要思考你的梦想对他人产生的影响。我相信几乎每一个梦想都有被发展的潜力，使之有益于他人，而你需要做的就是想办法做到这一点。

你的起点

在梦想测试意义部分，你的分数是多少？这个数字（在可能的10个数字中）代表了梦想的当前水平。你对此有何想法？花点时间反省一下，写下它的意义作为你的出发点。

建构梦想

当你定义你的梦想并将其写出来时，其中有多少内容是重点关注让别人受益呢？你的重点是个人成就和成功吗？或者服务于他人是其中的主要部分？评估后诚实地记录你的观察结果。

寻求建议

对于意义问题，约一个你认识的给别人带来了最大价值，或者对别人做出了最大贡献的人聊聊，这将是你的最后一次采访。了解是什么让他（她）开始帮助别人，看看这和他（她）的梦想有什么关系，问问他（她）到目前为止最重要的成就是什么，找出让他（她）坚持下去的原因。

在会面前写下你的问题以及你的笔记。

赋予梦想地图生命

试想一下，假设你在旁观你的葬礼，聆听你的悼词，你希望人们怎么评价你？想象一下最大胆、最有意义、最有回报的人生，并将你想听到的悼念词写下来。

日志记录

在接下来的几天或几周，努力解决意义问题。在你思考和写作时，请确保回答以下问题：

你为什么要实现这个梦想？

你的梦想是否反映了你对生存、成功或意义的渴望？

你的梦想的实现对别人有直接的好处吗？如果有，会以哪种方式？

你对梦想的追求是否有利于帮助你实现梦想的人？如果是，会以哪种方式？

你如何改变或发展你的梦想，使之显著地造福于他人而不仅仅是你自己？

五年、十年或五十年后，你的梦想的实现又有什么意义呢？

怎样才能让你的梦想产生更深远的影响？

如何使你的梦想高于你自身？

如果你不能实现你的梦想，别人会怎么样？

观察结果和结论

从日志记录中，对于你的梦想以及意义问题你学到了什么？

规划你的方向

再写一次你的梦想，特别要注意考虑它将对与你一起工作实现梦想的人或接受梦想从中受益的人所产生的积极影响。

结论

我希望我的梦想地图能帮助你比以往任何时候都更深入地思考、发现和评估你的梦想。我相信你现在可以就这十个关于梦想的问题做肯定的回答。

我希望这个过程能给你增加价值。不过，还有一件事我想告诉你，那就是你还没有实现你的梦想。尽管你现在可以很好地掌控梦想，尽管你的人生道路已经确定，但不要期望你的梦想会一成不变。随着你的学习、成长和改变，你的梦想也会随之改变。随着梦想的发展，保持继续做笔记的习惯。我建议你把这本书放在身边，作为你追求梦想时的参考。

愿上帝保佑你，愿你的梦想降福于他人。

关于作者

你有远大的梦想吗?

现在你可以进行梦想测试并努力实现你的梦想了!

梦想家和实现梦想的人有什么区别?根据畅销书作家约翰·麦克斯韦尔博士的说法,答案在于回答十个有效而直接的问题。无论你是否已经忘记了原本的梦想,还是正在寻找一个全新的梦想,进行梦想测试会为你提供一个循序渐进的行动计划,你可以从今天开始利用它来找到、拥有和实现你的梦想。麦克斯韦尔博士利用他四十年的指导经验,专业地指导你解决每个成功的梦想家所面临的十个问题。

有梦想是一回事。麦克斯韦尔说,完成这一目标所需的工作是另一回事。"如果你愿意进行梦想测试,并对十个关于梦想的问题做出必要的回答,那么你很有可能实现你的梦想。"

不要指望仅靠运气就可以实现梦想。你必须读读这本书,它可以区分失败和成功。

约翰·麦克斯韦尔是《纽约时报》评选出的畅销书作家、教练兼演说家,他的书籍以50种语言被出售了2600多万本。2014年,他被美国管理协会评为最佳商业领袖,并被《商业洞察》和*Inc.*杂志评为全球最具影响力的领导力专家之一。他是约翰·麦克斯韦尔公司、约翰·麦克斯韦尔团队、EQUIP基金会和约翰·麦克斯韦尔领导基金会的创始人，他的组织在全球培训了500多万人。此外，2014年，麦克斯韦尔荣获Luminary Leadership Network颁发的“特蕾莎修女奖”之全球和平与领导奖项。麦克斯韦尔博士每年都会面向《财富》500强企业、各国总统以及许多世界顶级商业领袖发表演讲。